政协恩施州委员会 | 丛书编著

恩施州传统村落
历史文化丛书

鹤峰县
传统村落

政协恩施州委员会
政协鹤峰县委员会　/编著

华中科技大学出版社
http://www.hustp.com
中国·武汉

内 容 简 介

为促进恩施州传统村落保护，弘扬民族优秀传统文化，助推乡村振兴，政协恩施州委员会组织编纂了"恩施州传统村落历史文化丛书"。《鹤峰县传统村落》作为丛书中的一本，详细讲述了鹤峰县传统村落基本情况以及村落文化遗产、自然遗产、历史事件、家族人物和传统产业。本书语言通俗易懂、简洁优美，并配以丰富的图片，兼具史料性和可读性，是研究鹤峰县乃至恩施州民族历史文化的宝贵资料和宣传展示民族优秀传统文化的重要窗口。

图书在版编目（CIP）数据

鹤峰县传统村落/政协恩施州委员会,政协鹤峰县委员会编著.—武汉：华中科技大学出版社，2021.11

（恩施州传统村落历史文化丛书）

ISBN 978-7-5680-7668-5

Ⅰ.①鹤… Ⅱ.①政… ②政… Ⅲ.①村落文化—介绍—鹤峰县 Ⅳ.① K926.34

中国版本图书馆 CIP 数据核字（2021）第 224080 号

恩施州传统村落历史文化丛书·鹤峰县传统村落
Enshi Zhou Chuantong Cunluo Lishi Wenhua Congshu · Hefeng Xian Chuantong Cunluo

政协恩施州委员会　编著
政协鹤峰县委员会

策划编辑：	汪　杭　陈　剑
责任编辑：	汪　杭　陈　剑
封面设计：	刘　卉
责任校对：	李　琴
责任监印：	周治超
出版发行：	华中科技大学出版社（中国·武汉）　电话：(027)81321913
	武汉市东湖新技术开发区华工科技园　邮编：430223
录　　排：	华中科技大学惠友文印中心
印　　刷：	湖北新华印务有限公司
开　　本：	710 mm×1000 mm　1/16
印　　张：	17
字　　数：	260 千字
版　　次：	2021 年 11 月第 1 版第 1 次印刷
定　　价：	998.00 元（共 8 册）

本书若有印装质量问题，请向出版社营销中心调换
全国免费服务热线：400-6679-118　竭诚为您服务
版权所有　侵权必究

丛书编委会

主　　　任：吴建清　刘建平
常务副主任：张全榜
副　主　任：曾凡培　刘小虎　谭志满
成　　　员：郑晓斌　卢智绘　曾凡忠　刘太可　黄同元
　　　　　　邹玉萍　田延初　张真炎　冯晓骏　郑开显
　　　　　　文　林
主　　　编：张全榜
副　主　编：曾凡培　冯晓骏
特邀编审：雷　翔　贺孝贵　刘　刈　董祖斌　刘　权

《鹤峰县传统村落》
编委会

主　　任：张真炎

副主任：夏德术　夏依忠　郑　平　张甄秀　黄凤启

委　　员：马　晖　赵志华　肖功华　赵长生　田学江

主　　编：赵志华

副主编：胡兆义　向端生

特邀编审：向国平　龚光美

总序 General Prologue

恩施州传统村落的历史与文化

一

恩施有悠久的历史,早在石器时代就有了原始人的居住聚落。秦汉以后进入溪峒时期,溪峒既是地域特征描述,也是当地的社会组织称谓,相当于当时中原的郡县。但是,溪峒时期及其以前的人群聚落,生产生活方式以"游耕"为主,渔猎采集占较大比重,没有真正形成村落。

关于恩施农耕定居模式的明确记载始于唐代,《元和郡县志》记载,施州领县二(清江、建始)"开元户三千四百七十六,乡里一十六"。这些"乡"是定居农耕人群的管理组织,这种组织机构的建立是朝廷的社区管理进入长江沿岸、清江河谷地区,以及农耕编户聚落即村落形成的间接标志。宋代《元和九域志》记载,施州编户增至"主九千三百二十三,客九千七百八十一",共19104户。

清江县十乡，建始县五乡，还有当时属归州的巴东县有九乡。两宋时期，巴东、建始、清江三县各乡里的农耕村落，与西南"寄治山野"的羁縻州有明显的体制差异，社会组织形态也有明显差异。经制州与羁縻州之间，还设有一批军事围困防守性质的寨堡，寨丁们亦农亦军。羁縻州的下属溪峒与寨堡只是村落的前身，都不是严格意义上的农耕村落。

元、明及清初，恩施进入土司、卫所时代，只有巴东、建始二县的"乡里"仍然延续农耕村落的发展方式。原先的羁縻州与原属州县的寨堡，陆续分合形成朝廷认可的大小30多个土司。土司下设峒寨之外，也有部分设有"里"（农耕村落组织）。施州军民卫是明洪武后期合并施州的政权形式，保留了原有的市郭、崇宁、都亭三里，原有的农耕村落应该也有部分保留。施州卫、大田所广泛设置于今天恩施、利川、咸丰三市县的屯、堡组织，则是军垦性质的农耕聚落，明末清初逐渐转化为村落。

清朝改土归流，流官政府建立，废除了土司政权及其基层社会组织，也废除了土司所有制，包括对当地百姓的人身自由的控制和对山林土地的占有。普遍设置适合农耕定居生产生活方式的"里甲"组织，革除土司"恶俗"，推行符合"礼仪"的民间制度。改土归流的政治、经济和文化改革，给恩施州农村社会带来空前的巨变，其显著特征是：原本存在于府县地区的乡里村落形式，在原本有很大差异的土司地区和卫所地区进行推广，各地村落的组织结构形态逐步趋同。这次社会变革的重要抓手是土地山林的私有化"确权"、无主荒地招垦移民和家族化浪潮。今天村落的形成大多源自这次社会变革，这也是恩施大多数现存传统村落的起点。

恩施农耕社会传统村落的繁荣始于清朝道光、同治年间。据统计测算，当时恩施州内已有二十多万户一百三十余万人[1]，基本都是农业人口。传统村落数量没有进行统计，估算应该不少于一万个。譬如当时的恩施县，《恩施县志》（清同治版）记载，已有编户五万余户三十三万七千余人，分为三里二十五甲，下

---

[1] 恩施州志编纂委员会．恩施州志[M]．武汉：湖北人民出版社，1998．

设甲长一千六百五十七名、牌头四千七百五十九名。传统村落的繁荣延续超过百年，一直到1949年中华人民共和国成立。

二

中华人民共和国成立后的土地改革以及随之而来的农业合作化、人民公社运动，颠覆性地改变了传统村落的家族性社区结构，而依附于自然环境的农耕生活模式基本没变，传统村落的外部形态基本延续。

改革开放以来，我们在主动迎接全球化浪潮以求富足强盛的同时，也丢失了许多弥足珍贵的文化遗产。社会文化转型，尤其是在改革开放以来的工业化、城市化发展浪潮中，传统村落建筑及其自然生态、传统乡村生活方式及其文化生态受到极大冲击。我们在享受工业化、现代化成果的同时，却也对蓝天白云、青山绿水和传统文化造成了损害。在反思中寻找和复兴民族优秀传统文化成为全社会的共同追求。

恩施土家族苗族自治州交通相对闭塞，其自然环境和少数民族聚居的社会文化环境，使之产生具有独特生产生活方式和历史文化特色的传统村落。加之几乎与改革开放同步的少数民族自治地方建设及其民族文化抢救保护政策，恩施遭受社会变迁的冲击较缓、较晚，部分传统村落得以保存。尤其难得的是，在部分传统村落中，仍然保存着传统的农耕生产方式和生活方式。传统的人生礼仪、时令节庆仪式，少数民族历史、村落历史和家族历史及其人物故事仍然在传诵。

恩施州传统村落及其文化，曾经得到国内外民族学、文化学学者们的高度关注和赞誉，产生了许多学术研究成果；恩施州传统村落也曾引起文化艺术工作者们的浓厚兴趣，许多优秀作品被创作出来。恩施州传统村落还得到各地"驴友"的追捧；他们远离城市的喧嚣来享受山林乡村的寂静，体验别样的少数民族文化，追寻原始文化遗迹。可见，传统村落是我们的珍贵遗产，是复兴民族优秀传统文化和乡村振兴的重要资源。

三

　　国家主席习近平强调,"文化自信,是更基础、更广泛、更深厚的自信"。政协恩施州委员会把民族优秀传统文化复兴当作建立文化自信的重要表现,当作恩施州社会建设的重要内容。政协恩施州委员会长期注重本地各民族历史文化资料的收集保存和整理,在完成《恩施文化简史》等历史文化研究著作的撰写、出版之后,又组织各县市政协调查、研究全州尚存的古村落,撰写"恩施州传统村落历史文化丛书"。政协恩施州委员会认为,传统村落是在农耕文化发展过程中逐步形成的,体现了一个地方的传统文化、建筑艺术以及民风民俗,凝结着历史的记忆。对传统村落历史文化的深入调查研究和整理,有着十分重要的现实意义。传统村落是宝贵的文化资源,发掘利用传统村落能为恩施州的社会发展提供坚实的文化支撑;传统村落是地方的历史记忆和社会认知,保存和整理传统村落文化能够更好地满足全州各族人民的文化需求;传统村落还是恩施各族人民适应当地环境、利用地方资源的文化成果,深入挖掘、提炼和传承传统村落文化有利于树立文化自信,更好地建设具有自身鲜明特色的繁荣自治州。

　　恩施州传统村落的保护工作,开始于21世纪初。2009年,国家民族事务委员会与财政部开始实施少数民族特色村寨保护与发展项目,至2019年公示第三批中国少数民族特色村寨拟命名名单,恩施州辖内被选为"中国少数民族特色村寨"的有49个。2014年,国家组织制定传统村落保护规划,在先后公布的五批中国传统村落名单中,恩施州共有81个村落被列入中国传统村落保护名单。恩施州曾经拥有数以万计的传统村落,其中基本保持原貌和内部结构的村落仍有上千。从2018年开始,政协恩施州委员会会同八县市政协一起策划、编写"恩施州传统村落历史文化丛书",上述"中国少数民族特色村寨"和"中国传统村落"是本丛书主要选录的对象(两者之间有部分重合)。丛书选录并单独编写的代表性传统村落有98个,非单独编写的特色村落有83个。其中"中国传统村落"68个,约占据恩施州全部名录的84%;"中国少数民族特色村寨"30个,约占恩施州全部名录的61%。这说明有代表性和典型性是本丛书编写的一个重要特征。

这些传统村落大多远离城市,广布于恩施州八县市的山川密林之中。本丛书编写者一一调查寻访,对村落历史渊源与文化特征的描述不仅来自地方文献记录,更多来自编写者的实地观察探访和居民们记忆口述。这也是这套丛书编写的特征之一。

按照政协恩施州委员会的部署,各县市分卷都采用招标方式确定具体编写队伍,编写队伍大都由长期从事乡村研究的高校专业人员担任,由各市、县、乡文化专家共同组成编写班子。内容的专业性、作者宽广的视野,是这套丛书编写的又一特征。

四

恩施州的传统村落有多种类型,相互之间差异显著。差异产生的原因至少有以下几个:一是经历过不同的发展路径,其文化内涵的民族性、区域性有较大差异。二是处于不同的生态环境。恩施在崇山峻岭之中,河谷坪坝、高山草甸交错,气候物产各不相同,形成差异极大的生产生活方式及相应的居所结构和聚落形态。三是不同的民族文化传统。恩施州是多民族世代共居的共同家园,有世居于此的土家族,也有明末清初陆续迁入的苗族、侗族,还有明初迁入的卫所军户。不同的文化传统产生不同的生活方式,形成不同的民居建筑形式和特色聚落。四是不同的商贸和文化联系。恩施古代社会与外界联系主要依靠通航的河流和盐道,长江、清江、酉水、乌江,加上通向川东的盐道,与湖湘、川东以及贵州有较多的经济、文化联系。外界交往联系附带着人群的移动迁徙,也使相关区域的村落带有浓浓的域外文化特色。

这些多样性特征体现在传统村落的文化内涵之中。传统村落文化可以分为物质文化、制度文化和精神文化三类,具体表现为六种:

一是村落选址及其周边环境。不同民族对于环境与土地资源有着不同的认知。譬如土家族有着狩猎采集和游耕的传统,他们偏爱林间坡地。卫所军户大多来自长江中下游,又有武力支持,占据河谷坝子,建立屯堡。而侗族移民喜欢开发弯曲平缓的小河、小溪等小流域。自然环境不仅是村落文化得以发展的空间，也是村落文化的重要组成部分。

二是生产生活方式。传统村落社会的重要特点之一是自给自足，是在特定的环境空间中建立一个完整的生产生活系统。不同的民族文化传统与不同的地理环境相结合，形成村落各自不同的生产生活方式，这是村落文化生成的基础。传统村落不仅是人们的生活居住空间，还是他们的生产空间。

三是社区结构。传统村落的主体是人，村落成员扮演着不同角色。不同时代、不同民族文化传统、不同生产生活方式的村落，村落共同体的构成有差异。这种差异体现在村落成员的相互关系上，也体现在村落建筑的结构和分布上。

四是习俗体系。传统习俗是乡村社会的文化制度，起到传承历史记忆、规范言行举止和提供善恶准则的作用。主要体现在时令节庆和人生礼仪上，几乎无时无处不在的礼仪和禁忌，很能体现民族的历史文化传统。

五是宗教信仰。村落内部有自然神灵崇拜和祖先崇拜性质的民间信仰。具体表现为除思想观念的信仰外，还有仪式活动和举办仪式活动的场所。

六是文学艺术。主要表现为民间故事和歌谣，还有原本流行于市井的说唱曲艺等类型的民族民间文艺。由于当下社会对非物质文化遗产的重视，原本依附于各种仪式的民族、民间艺术成为传统村落的文化内容。

上述历史渊源和文化内涵，理论上普遍存在于各个传统村落之中。不过，社会发展与转型及其相应的城市化浪潮，已经不可逆转地发生在每个地区，包括文化遗存相对较多的传统村落。今天的传统村落更多只是历史的遗存。因此，我们能够挖掘和保护的历史文化传统，可能只是残缺的碎片，甚至只有历史记忆中非常短暂的片断。

五

如何再现传统村落的历史场景，讲好逐渐远去的传统村落历史与文化故事，是丛书编委会追求的目标。

对于已经选定的某个传统村落而言,首先是梳理村落形成、变迁、繁荣以及衰落的历史过程。不同的历史时期,不同的自然环境,不同的文化生态,会形成不同的村落形态,包括各种物质设施和文化制度。

其次是挖掘保护尚存的历史文化遗迹,包括物质和非物质文化遗产。对文化遗产,特别是民居建筑这类物质文化遗产,当地已经进行了比较全面的调查和保护。对于其他类型的物质文化遗产和非物质文化遗产,还有大量的工作要做。

再次是分析评估传统村落的文化意义价值,特别是时代类型和民族文化类型的代表性意义。评估其价值需要更加广阔的视野,需要站在整个区域甚至整个民族的高度进行评估。

最后是为珍贵的历史遗迹建立系统性的档案,并在村民中形成共识。这是对民族复兴和乡村振兴的文化支持,是保证宝贵文化资源得以开发利用必须要做的,也是进一步挖掘和更好地保护村落文化遗产必须要做的。

政协恩施州委员会长期关注民族历史文化的保护抢救,并充分利用人才优势,不断组织推动各种文化史料的编写出版,"恩施州传统村落历史文化丛书"就是众多成果的其中一项。希望借此为推动民族文化复兴尽一份绵薄之力,为推动乡村振兴贡献一份力量。

"恩施州传统村落历史文化丛书"编委会

2021年10月

前言 Preface

鹤峰县隶属恩施土家族苗族自治州（以下简称恩施州），位于湖北省西南部、恩施州东南部，与湖南省毗邻。地处东经109°45′至110°38′、北纬29°38′至30°14′。县境东西长85千米，南北宽67千米，总面积2868平方千米，户籍人口216668人（截至2020年末），辖5镇4乡1个经济开发区，205个行政村13个社区，政府驻地为容美镇。

一、历史沿革

鹤峰古称柘溪、容美，又称容阳。战国属巫郡，秦属黔中郡，汉属南郡、武陵郡，三国先属蜀、后属吴建平郡，西晋、南北朝时属建平郡、武陵郡，宋属施州，元属四川，明归湖广。2000多年前土家族的先民容米部落在此繁衍生息，后此地为容美土司领地，田氏土司世袭相承，自称自汉历唐，世守容阳，对朝廷纳贡而不纳租税，受朝廷封赐而不受俸禄。元至正十年（1350年）设立四川容米峒军民总管府，此为容美即今鹤峰设官之始。自元至清，容美土司先后被朝廷改设容美军民宣抚司、容美长官司、容美宣慰司。另外，容美土司私自设立的长官司、指挥司、土知州、千户、百户、参将、洞长等多达27个。清雍正年间改土归流后,容美土司辖地分设一州一县,即鹤峰州和长乐县(今五峰县),隶属宜昌府。清光绪三十年(1904年),鹤峰州升直隶厅,隶属湖北布政使司施鹤道。1912年,辛亥革命后成立国民政府,鹤峰废厅为县,称鹤峰县,属湖北省。1915年改属荆南道,1926年属施鹤道。

土地革命战争时期,贺龙于1929年1月率领工农革命军进驻鹤峰县城,于1月13日建立湘鄂西革命根据地内第一个县级苏维埃政府,属湘鄂西(省)苏维埃政府、湘鄂边联县苏维埃政府管辖,直至1933年12月红三军离开鹤峰。1934年国民政府恢复对鹤峰县的管辖,属湖北省第十行政督察区,1936年湖北省第十行政督察区改称第七行政督察区,鹤峰县属第七行政督察区。

1949年11月18日鹤峰解放,11月25日成立鹤峰县人民政府,属湖北省恩施专区行政公署。1980年4月20日经国务院批准成立鹤峰土家族自治县,属恩施专区行政公署,5月成立鹤峰土家族自治县人民政府,撤销鹤峰县革命委员会。1983年8月19日因设立鄂西土家族苗族自治州,撤销鹤峰土家族自治县,仍称鹤峰县,隶属鄂西土家族苗族自治州(今恩施土家族苗族自治州)。

二、自然人文

(一)自然地理

神秘的北纬30°线,造就了鹤峰县以董家河坡立谷为代表的世界最大坡立谷、以屏山峡谷为代表的地缝河流风光和以五龙山为代表的喀斯特地貌等地质奇观。全境地处亚热带,属大陆性季风湿润气候。据2019年森林资源"二类调查"数据,其森林覆盖率为82.7%、林木绿化率达到88.66%。全年环境空气质量优良率达98%以上。境内的湖北木林子国家级自然保护区,牛池主峰海拔约为2098米,号称湖北"江南第一峰",区内国家一、二类重点保护植物十余种,是整个中华地区的重要物种基因库。良好的生态使全县尽显物华天宝,被誉为"舌尖上的珍珠"的世界珍稀藻类植物葛仙米在鹤峰达到万余亩[①],木耳山茶园被列入"中国三十座最美茶园",全县近四十万亩茶园是"绿水青山就是金山银山"的真实写照。

(二)人文历史

截至2020年,全县有国家级非物质文化遗产保护项目2项、省级项目8项、州级项目26项,非物质文化遗产项目传承基地10个,1处中国民间文化艺术之乡,1处湖北省民间文化艺术之乡。获得省级非物质文化遗产项目代表性传承人称号的有11人,获得州级非物质文化遗产项目代表性传承人称号的有23人,获得恩施州民间艺术大师称号的有10人。

鹤峰是民族文化的厚土。"土司文化"源远流长,容美土司自唐元和元年(806年)至清雍正十三年(1735年)在此雄踞930年,鼎盛时期管辖面积达7000平方千米以上,土司制度存在久远,这一时期形成的文学、军事贸易等方面的成就,以及因开放包容而形成的土家族与汉族的文化交融、地方治权与中央集权的共生,汇聚成了丰富的文化遗产。

文学守望:田舜年在清康熙年间编撰的《田氏一家言》收录了田氏世家6代9位诗人的3000余首诗歌作品,并形成了一个很有影响力的诗派——田氏诗派,享誉文坛,成为土家族文学史上划时代的里程碑;清朝文学家顾彩的《容美纪游》流芳百世,目前已被学术界人士视为研究容美土司的重要史料。

商贸往来:鹤峰是中国宜红茶的发源地和主产地。在由中国、俄罗斯、蒙古国所联合申报的世界文化遗产万里茶道中,鹤峰被确认为万里茶道茶源地。

家国情怀:1556年、1559年田世爵父子奉诏入胡宗宪部,于江浙两次抗倭,立下"东南第一功"的不朽功勋;第一次鸦片战争时期,陈连升镇守虎门沙角炮台,于1841年血洒疆场,成为中国近代史抵御外国侵略者而牺牲的第一位少数民族

---

① 1亩≈666.67平方米。

将领,"节马"①事迹可歌可泣。

鹤峰是中国革命的红土。鹤峰是恩施州唯一的国家一类苏区县,是土地革命战争时期湘鄂边苏区的中心、贺龙元帅的第二故乡,"中华人民共和国一号烈士"段德昌,以及王炳南、贺英等3000多名鹤峰籍革命烈士长眠于此。境内的湘鄂边苏区革命烈士陵园为国家级烈士陵园,又因满山盛开红色杜鹃花而得名满山红烈士陵园。全县现有中共湘鄂边特委机关旧址、红三军军部旧址、五里坪革命旧址群、湘鄂边独立团鼓锣山三十二烈士殉难处等红色文化遗址遗迹100余处,入选第三批全国红色旅游经典名录。

(三)民俗民风

鹤峰县民俗文化的独特性异彩纷呈。较之周边土家族区域,鹤峰县除具有与其相似的民俗文化外,还将具有独特性的民俗文化植根于人们生产生活的各个领域,逐步形成了以"鹤峰四道茶"为代表的茶礼文化,以万里茶道鹤峰段、宜红茶为代表的商贸文化,以腊月二十九"过赶年"为代表的年俗文化,以八月十五"摸秋"为代表的节庆文化,以精心制作的桃花豆浆、美味可口的阳河炸豆腐和奇特"嘲丢"为代表的饮食文化,以"烧灯火"等为代表的民间医药文化,以"九佬十八匠"等传统手工艺人和烙画等为代表的手工艺(匠)文化,以"十盘八碗"土家全席、"扯盘"礼仪为代表的餐礼文化,以送贺匾、接匾、升匾礼仪为代表的贺礼文化,以"揪扁担"等为代表的民间体育。除了土家族传统婚嫁中的哭嫁、陪十姊妹(十兄弟)等习俗,还有拦门、开盒礼、吃摆茶、摆茶食等具有地域特色的婚俗文化。此外,在生产生活中还产生了麻水穿号儿、走马高腔山歌、毛坝山歌等丰富的民歌资源,地方特色艺术柳子戏、满堂音、鹤峰围鼓等非物质文化遗产更是历久弥新。

---

① 陈连升坐骑黄骠马被掳至香港后绝食而死,故被誉为"节马"。

三、古村古韵

鹤峰境内除土家族外,还有苗族、白族、蒙古族等少数民族聚居,形成了各具特色的历史文化传统村落。截至2019年,全县有9个村被住房和城乡建设部命名为"中国传统村落",有8个村被国家民委命名为"中国少数民族特色村寨"。在这些拥有国家级称号的村落中,既有为国出征、金戈铁马的"战神"传奇村落,又有展现土司文治武功、诗韵流芳的"桃源"地;既有大自然鬼斧神工的独特地质奇观,又有世界珍稀物种的散落地;既有因各种原因迁徙而至形成的少数民族聚居地,又有历经战火硝烟洗礼的红色土地。悠然其间,我们在这些村落的残垣断壁中可以寻到历史的划痕,在空气中可以感受到一代代鹤峰人的家国情怀,在田野、屋宇间可以闻到记忆中乡愁的味道。

鹤鸣九皋,舞之绮峦。承载着900多年土司历史的文化鹤峰,由3000多名英烈铸就的红色鹤峰,由青山绿水绘就的生态鹤峰,涵山水之情,承文化雅韵,应人文之风,当在美丽中国中写出最美的鹤峰篇章。

编委会

2021年4月8日

目录 Contents

概述 1

走近 11

    麻寮土司遗存地——细杉村 12

    白族聚居地——铁炉村 23

    围鼓之乡——白果村 34

    红色老街——五里村 52

    蒙古族聚居村——三家台蒙古族村 83

    优良家风典范——岩门村 98

    容美土司南府遗址——南村 115

    民间文脉厚重——官仓村 126

革命旧址集聚村——红岩坪村 147

容美土司爵府——屏山村 160

古老村志遗存村——韭菜坝村 195

容美第一关口——三路口村 207

深山闺秀——湄坪村 220

遗珍 233

参考文献 245

后记 246

概述

/Gaishu/

鹤峰县辖内的村已列入中国传统村落名录的有三批9个，其中，2012年入选第一批中国传统村落的分别是铁炉白族乡铁炉村、铁炉白族乡细杉村、五里乡五里村、中营镇三家台蒙古族村；2014年入选第三批中国传统村落的为走马镇白果村；2018年入选第五批中国传统村落的分别是容美镇屏山村、容美镇大溪村、五里乡湄坪村、邬阳乡邬阳村。2020年底，鹤峰县列入全州45个传统村落集中连片保护项目的有5个村，分别为铁炉白族乡铁炉村、铁炉白族乡细杉村、走马镇白果村、五里乡五里村、五里乡湄坪村。此外，截至2019年末，鹤峰县有邬阳乡斑竹村、五里乡南村、中营镇大路坪村、铁炉白族乡细杉村、走马镇官仓村、燕子镇董家村、下坪乡岩门村、容美镇屏山村等村寨被国家民委命名为"中国少数民族特色村寨"。

村落是人们在生产生活中，受到自然地理因素和人文因素影响而形成的聚居地，是历史的最佳见证。由于鹤峰的土司文化、红色文化、生态文化底蕴深厚、互交共融，全县的 205 个行政村各具特色。沧海桑田，现存古建遗迹的传统村落和特色村寨多坐落于万里茶道鹤峰段沿线，受土司文化、红色文化等多元文化的影响，尽显魅力。

一、源远流长的万里茶道，成就了鹤峰的传统村落分布

万里茶道是十七世纪至二十世纪初中国茶叶经陆路运输至俄罗斯等欧洲各国的国际贸易大通道，全长 1.4 万千米，是丝绸之路衰落之后在欧亚大陆兴起的又一条重要的国际商道。万里茶道有福建武夷山，安徽祁门，湖南安化，湖北赤壁、鹤峰及江西等多处起源地，经河南、山西、河北、内蒙古向北延伸，穿越草原，抵达边境口岸恰克图，然后由东向西延伸，横跨西伯利亚，直抵俄罗斯圣彼得堡，通往欧洲各地。鹤峰县是茶叶故乡，宜红茶核心产区之一，万里茶道茶源地。鹤峰产茶历史悠久，从汉朝时期就开始产茶。[①] 容美土司时期，容美白茶成为朝贡品，称为"容美贡茗"。《明史·食货·茶法》记载：明初，太祖令茶芽以进。洪武四年（1371 年）十二月，四川容美洞宣抚使田光宝子答谷什用等，赴朝贡方物（即地方土产），峒茶乃主要贡品。《鹤峰县志》（清光绪十一年续修本）记载：邑自丙子年广商林紫宸来州（清雍正年间改土归流，建鹤峰州）采办红茶。泰和合、谦慎安两号设庄本城五里坪，办运红茶载至汉口兑易，洋人称为高品。

鹤峰县 1876 年开始生产红茶，是宜红茶核心产区之一。宜红古茶道在鹤峰境内共有 5 条，其中直接连接五峰渔洋关和石门壶瓶山的古茶道有 3 条，总里程约 330 千米。茶道沿线，存有数量众多的古茶园、古水井、渡口、驿站、茶庄、碑刻和古桥梁，这些历史遗存，真实地反映出鹤峰是宜红古茶道上的重要茶源和加工地，在宜红茶转运、精制和出口中占有重要的历史地位。

2019 年 3 月，国家文物局将"鹤峰古茶道南村段"纳入中国世界文化遗产

[①] 袁鹤《鹤峰茶叶产况调查报告》（1942 年）。

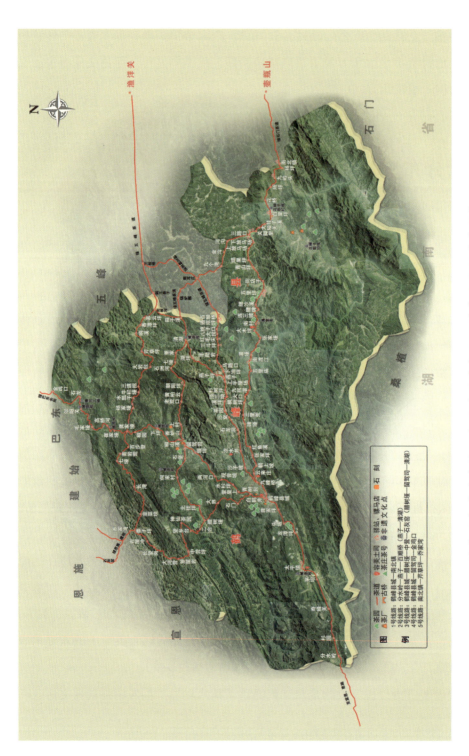

鹤峰县古茶道线路示意图（图片来源：鹤峰县文化遗产局）

预备名单。其中，鹤峰"南村古茶道"为59个重点推荐遗产点之一。右图为中国工程院院士、茶学学科带头人陈宗懋为鹤峰县所题写碑刻。2020年，湖北省政府将"万里茶道鹤峰段"列为省级文物保护单位。作为宜红茶的核心产区之一，走马镇白果村、官仓村、升子村，五里乡五里村、南村、三路口村，下坪乡岩门村等传统村落，在悠久绵长的鹤峰茶道中或为源产地，或为粗加工地，或为贸易中转集散地，无不具有丰富的茶历史、茶故事。

万里茶道茶源地（图片来源：张真炎）

二、兼容并蓄的容美土司文化，涵养了鹤峰的村落魅力

鹤峰古称容美，经历了从部落时代到土司时代的演变。容美土司是容米部落的后裔，其地处楚之西"南徼"。东联江汉，西接渝黔，南通湘澧，北靠巴蜀，据《道光鹤峰州志》，容美土司所辖包括鹤峰、五峰两县绝大部分地区和现在的恩施、建始、巴东、长阳部分地区，管辖面积在明末清初的鼎盛时期达7000平方千米以上。至清雍正年间改土归流，其所辖面积缩小在"四关四口"（东百年关、洞口，西七峰关、三岔口，南大崖关、三路口，北邬阳关、金鸡口）之内，总面积约有4000平方千米。容美土司第一代土司为田墨施什用（元至大三年，即1310年被授予黄沙寨千户），末代土司为田旻如。

容美土司时期是一个比较开明开放的时期，历代土司文治武功、兼容并蓄，制定"官给衣食，去则给引"、愿留者即"分田授室，久居者许以女优相陪"

鹤峰州城舆图（图片来源：赵平国）

等诸多条款，走向开放，吸引大量外地的文人墨客、技艺商贾、百工之人进司讲学、传道、游历、经商，因而出现了"出山人少进山多"的局面。加之容美地处"西南胜境"，外部朝代更迭烽烟四起，唯容美为一方"净土"，为避战祸兵乱，苗族、白族、蒙古族等少数民族迁徙至容美繁衍生息，从而形成了土家族之外的少数民族聚居地。历代容美土司倡导尚学之风，全面接受并学习汉文化，自田世爵"严课诸男，有不嗜学者，叱犬同系同会"开始，历代均以饱读诗书为荣，能诗善文为乐。200多年的时间里，涌现了9位诗人，创作各类诗词3000多首，于清康熙年间由田舜年汇编而成《田氏一家言》。容美土司时期，戏曲演艺活动兴盛，剧种百花齐放，戏楼林立，演员阵容庞大且技艺精湛，戏剧质量实属上乘。

容美土司时期振武兴文和经济社会发展形成的历史文化遗产，虽经时代变迁，但其遗留的优秀文化内核纷纷沉淀在如容美镇屏山村、大溪村，五里乡南村、三路口村等村落间，使这些传统村落极富历史底蕴，充满了迷人魅力。

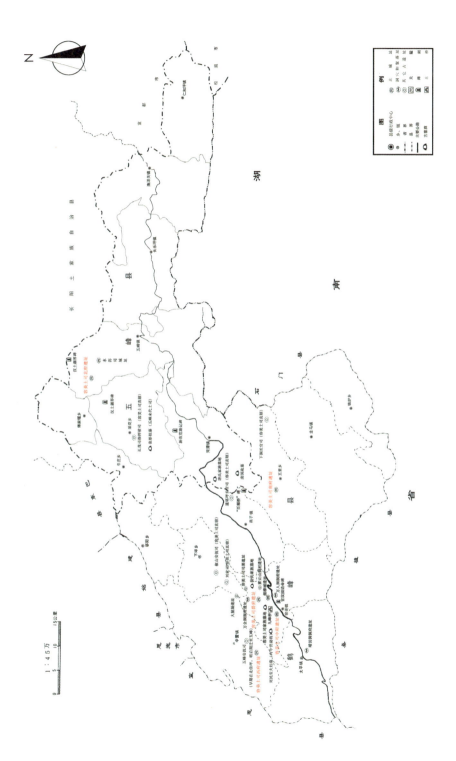

容美土司遗址点分布图（图片来源：鹤峰县文化遗产局）

例如，在中营镇三家台蒙古族村，铁炉白族乡铁炉村和细杉村等村落中，土司文化与其他文化交互、共存、共融，习性日益趋同，呈现各民族一家亲的民族团结景象。

三、薪火相传的家国情怀，厚植了鹤峰的红色基因

"保家卫国、先国后家"的家国情怀在一代代的鹤峰人中薪火相传。溯源至明嘉靖三十五年（1556年），江浙总督胡宗宪调土兵抗倭，田世爵与长子田九霄、次子田九龙一道从征，率万名将士与永（顺）保（靖）将士组成联军，开赴江浙参加抗倭斗争，建立"东南第一功"，受到胡宗宪的嘉奖。嘉靖三十八年（1559年），田世爵和长子田九霄第二次应征平倭至舟山群岛，攻陷贼巢岑港，杀敌数百。田世爵后在奉胡宗宪征调剿盗中病死于芜湖军中，享年63岁。明王朝嘉其忠贞，追封其为宣武将军。为应调征战，鹤峰当地居民腊月二十九"过赶年"的节俗由此而生。据《长乐县志》记载：容美土司王田世爵率容美土家将士随胡宗宪征倭，于十二月二十九大犒将士。除夕，倭不备，遂大捷。后人沿之，遂成家风。同时期编纂的《鹤峰州志·风俗篇》中也记载：土户田覃二姓，土司时，于除日前一日祀神过年，今多仍之。此后，在第一次鸦片战争期间，鹤峰人民中又涌现了陈连升①这样的中国近代史上的少数民族英雄将领。

陈连升雕像（图片来源：覃进之）

---

① 陈连升（1775—1841年），鹤峰县邬阳乡人，在第二次鸦片战争中镇守虎门沙角炮台时捐躯，为中国近代史抵御外侮牺牲的第一位少数民族将领。

随着时代变迁，鹤峰人代代相传的家国情怀在新民主主义革命中埋下了红色基因。土地革命战争时期，鹤峰人民追随中国共产党，在以贺龙为代表的共产党人带领下，开始了前赴后继的革命斗争，鹤峰成了湘鄂西革命根据地的策源地和战略大后方，湘鄂边苏区的中心。在这里诞生了中国工农红军第四军、湘鄂边联县苏维埃政府、湘鄂西革命根据地内第一个县级苏维埃政府；在这里有着贺龙收编"神兵""范家五虎锄奸"以及"军长田"的传奇。当时仅6万余人的鹤峰，有近3万人追随贺龙参加革命，3000多人牺牲。根据第三次全国文物普查结果，鹤峰县已登记属于红色文化的革命旧址、遗址文物点72处，被各级政府公布为文物保护单位的革命旧址、遗址42处。五里乡五里村，中营镇红岩坪村，邬阳乡邬阳村、斑竹村等则是红色文化、革命旧址较为丰富的村落。

湘鄂边苏区革命烈士陵园[①]（图片来源：湘鄂边革命烈士陵园管理处）

[①] 1962年建园的湘鄂边苏区革命烈士陵园是全国110个重点烈士纪念建筑物保护单位之一，"中华人民共和国一号烈士"段德昌、贺龙元帅胞姐贺英以及3000多名鹤峰籍英烈长眠于此。

在历史长河中，传统村落作为传统文化的载体和文化历史的结晶，随着日新月异的人类活动，其保护也面临着诸多冲击和挑战。鹤峰县在传统村落、特色村寨的保护和利用上多方向发力，采取"内外兼修"（即自主建立机制保护和向上争取政策保护）、"形神兼备"（即注重村落外形的固化和注重村民精神区位的提升）、"长短兼顾"（即聚焦眼前的产业布局增加收入和着眼未来的可持续发展）的方法，不断推进传统村落和特色村寨的保护向高水平对标，推进其利用向高质量迈进。

走近

/ Z o u j i n /

麻寮土司遗存地
——细杉村

细杉村地处鹤峰县东南边陲，隶属于鹤峰县铁炉白族乡（以下简称铁炉乡），该村风景优美、文化厚重、乡风文明。2012年，该村被列入第一批中国传统村落名录。2014年，该村被鹤峰县委、县政府授予最美乡村的荣誉称号。2017年，该村又被国家民委命名为中国少数民族特色村寨。2020年，该村入选第一批国家森林乡村名单。此外，该村还荣获湖北省文明村镇、湖北省卫生村、湖北省少数民族特色村寨保护与发展十佳村寨、湖北省宜居村庄、湖北省新农村建设示范村等称号，该村党组织被恩施州委表彰为五好村党组织。

一、村落概况

细杉村离鹤峰县城142千米，距乡政府驻地15千米，东与湖南省石门县罗坪乡、北与本县走马镇、南与湖南省桑植县白石乡、西与本乡犀牛村相接。境内山地起伏，坪湾相连，平均海拔为780米，位于东经110°35′，北纬29°40′。村面积为47平方千米，其中，耕地面积为4920亩。

细杉村主要由大面山、方口湾、大叶湾，以及五方坪、大沙坪、细杉坪组成，俗称"一山二湾连三坪"，地势南北山高、中间低平。据当地民间传说，800多年前的细杉坪人烟稀少，无人垦荒，生长着一大片杉树。因杉树长势茂盛，木质细腻，人们便将此地称之为细杉坪，直到中华人民共和国成立后，就定名为细杉村。

细杉村概貌（图片来源：王开学）

截至2019年末,细杉村下辖13个村民小组,共412户1462人,全村少数民族人口占总人口的70%以上,其中白族人口为585人,是一个白族、苗族、土家族等多民族聚居的美丽村寨。

细杉村土地肥沃,雨量充沛,四季分明,适宜茶树、油茶、楠竹、杉树,以及多种中药材的生长。其中,茶叶是细杉村村民发家致富的支柱产业。此外,在上万亩的原始森林中,红豆杉、金钱柳等珍贵树种应有尽有。细杉村有多棵古树,特别是生长在该村各农户家院旁边的10多棵银杏树,树龄大都在400年以上。方口湾有1棵银杏树,3人牵手都无法围拢。

粗壮的银杏树

二、特色民居

细杉村处在自然山水环境中,村落建筑主要沿等高线排列,依次降低,背靠大面山形成屏障,前方细流蜿蜒而过,分散在山间。村中主要道路沿水边而行,与建筑紧密结合,所形成的山水空间是一处典型的恩施地方传统人居环境理念中的聚落空间形态,是古村落的重要构成要素。

细杉村村域范围内,细杉坪面积最大,其位置属该村中心地点。细杉村巧妙运用山水、随山势而建的空间艺术构架体系,聚落空间艺术特点可概括如下:

一是巧妙运用山水,展示出典型的传统人居环境理念中的山水空间形态。

二是因地制宜、惜地节约,当地山高林密,耕地稀少,河谷地带冲积形成的平地易于建房,但地势较低易受山洪威胁。当地百姓因地制宜,将房屋建于山坡高处,采用干栏式、半干栏式吊脚楼的建筑形式,既满足了人们生活使用的功能,又达到了节约用地的目的,勾勒出别具一格的民居建造艺术和山地建筑形态。

三是立体交叠、随形就势，巧妙构建居住空间，营造"山、林、溪、田、楼"于一体的聚落空间。

传统民居

三、麻寮土司与村落沿革

细杉村元明时期属麻寮土司管辖。元至正二十四年（1364年），置麻寮宣抚司。元至正二十六年（1366年），又改为麻寮长官司。据《明史·列传一百八十九土司》记载：丙午（1366年）二月……并立太平、台宜、麻寮等十寨长官司。据《明史·地理五》记载：吴元年（1367年）正月，改黄沙、靖安、麻寮等处军民宣抚司。《明实录·太祖实录》记载：吴元年春正月戊寅期，壬午改容美洞等处军民宣抚司为黄沙、靖安、麻寮等处军民宣抚司。清朝《湖北通志》也有关于设置麻寮长官司的记载。

据清康熙年间《九溪卫志·麻寮所志》记载：明洪武二年（1369年），麻寮土司唐涌纳土投诚，敕赐铁券，改麻寮土司为麻寮所。麻寮所所署设在所坪（今鹤峰县走马镇周家峪村）。初隶常德卫，明洪武二十三年（1390年）改隶九溪卫。麻寮所及其前身麻寮土司首领均为唐氏世袭。从唐氏族谱看，细杉村为麻寮土司司主唐氏家族的重要聚居区。清雍正年间改土归流后被划归鹤峰州，属礼陶乡（南乡）谦吉里管辖。1912—1927年，属鹤峰县保安乡管辖。1929—1933年，属鹤峰县苏维埃政府第十区细沙乡苏维埃政府管辖。1934年，属鹤峰县五区（走马）铁炉乡细沙联保管辖。1949年，鹤峰县人民政府成立，属江口区张家山乡管辖。1963年，属走马区前进（马家）公社管辖。1975年，属铁炉公社前进管理区细沙大队管辖。1985年，属走马区马家乡细沙村管辖。1990年，属铁炉区马家乡细沙村管辖。2006年，属鹤峰县铁炉白族乡细杉村。

四、历史文化遗产

细杉村历史文化遗产丰富，独具地域民族特色，村落内至今仍保留大量干栏式、半干栏式吊脚楼，且大部分属于清朝末年或民国时期所修建，虽历经修缮，但基本保持其历史原貌。村中还有大量遗留下来的具有传统风貌特征的井泉沟壑、堤坝涵洞、码头驳岸、碑幢刻石，以及古树名木和传统产业遗存。

寿亭匾牌一般是家有六十岁以上的老人过生日时亲朋好友送来的寿匾。

寿亭匾牌

亲朋好友来送匾牌时，朝堂先生（喜庆仪式的主持人）要为主家举行升匾仪式，还要大声吟诵升匾词：

东边一朵红云起，西边一朵紫云开，我为寿星升匾来。升一步，蓬莱生辉；升二步，金银满堂；升三步，吉星高照；升四步，龙凤呈祥。升匾已毕，百世齐昌！

从方口湾王氏老屋中堂神龛上灵牌中取出的纸质家族来源记载文书可以看出，早在明朝时期，细杉村就有人居住生活。

家族来源记载文书如下：

明考王之藩阳命庚申年八月二十三日寅时受系本保土地人氏六十四岁亡于天启四年十一月二十五日辰时深故取二十八日未时安葬祖茔迁作寅山申向落穴为茔

明妣黄氏系癸亥年六月初一日戌时生于左所二百户马湖堰五通祠杨家业土地下人氏六十三岁亡于天启五年二月二十九日戌时深故特取六年十一月初三日未时安葬上八磐田家业土地下祖茔迁作巽乾为茔

远祖永福熊孺人洪武二年偕兄弟位禄位寿自豫章来澧二世祖逊道逊刘孺人

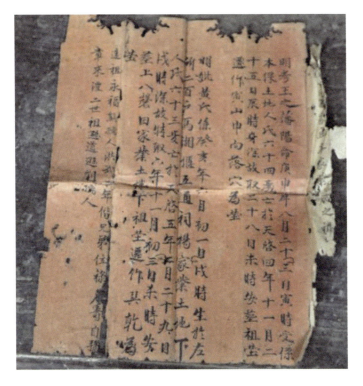

家族来源记载文书

家族文书之一如下：

今奉

大清天下湖北宜昌府鹤峰山羊司谦吉里芳口容土地下住居奉道修装祖公一尊保太信王思林唐氏家下人口清吉老安少壮

光绪二十二年腊月二十五立

家族文书之一

家族文书之二如下：

……我祖太原郡□□出姬姓□灵王太子之后历年久远□□宗盟但开祖公王敬李蒯自江西吉安府吉水县大栗树□□于洪武二年移居湖北沔阳州景陵县官城村洪武七年□□设事有功镇住九溪所□神潭衔前司土处后于洪武□□年自湖北来澧选充镇守衔前所总旗洪武二十四年调□□所千户历祖王守诚诚公生敬敬公生王东名岳保□□王纹纹生道谦黄向氏已五世矣永乐年间开望□□□□安福所天供山衔前司□□□□□向近碑牌桥碑□□□□谦公生六子长王清二王满三王□四五六洪渭沼姑□□□澄公肖王氏发脉澄公始制派序二句廷之家有国朝选定君月□□□廷宾孙氏廷彩岳氏彩公生王谟谭王氏谟公生之藩之省之嵎□□无嗣省公生家孟曹黄氏孟公生五子龙虎麒麟狮我祖麟公生□□字帝恒张氏生四子富贵双全富公生祖公选泰字德清母□□生我等四人一进二统三绪四绐大姑四姑幺姑俱适陈门□□□从澧迁鹤峰创值荒□家于此焉由开祖敬公传下已□□□嘉庆元年丙辰春南北公序维编以为子孙世传不奈□□□□□□宗祖德中

孝世泽长盛大千万祚子孙远丕昌□□□递迄今一脉不混，各分支庶一见了然□□□□□无倒世世代代勿替引之

　　□□时

　　□□□年三月初三日裔孙定进字作舟号济顺川庆书于东壁书府之文人轩

　　又记年寿册籍

　　□□之藩庚申八月二十三寅时受本保土地人六十四岁亡天启四年甲子□□辰时二十八日安厝祖茔寅丙申申为穴

　　□□□癸亥六月初一戌时生左所二百户马湖堰五通祠杨家土地人□□□□亡天启五年二月二十九日戌时取六年冬月初三未时安厝田家业土地□□□磐乾为向

　　□□□□康熙二十一年癸丑岁三月十九戌时安福所上八盘田家土地六十五岁□□□□十二年丁卯六月二十三寅时廿回巳时安厝荒口迁作丙山壬吉向为茔

　　□□□□二十八年戊辰岁五月初三亥时上八磐田家土地□□□□八十一岁□□□□□□戊子岁八月三十戌时迁移□□后为茔

　　□□□□□□四年乙酉十月初八未时安福所上八磐田家土地人六十五岁□□□□年庚寅五月二十七卯时安厝荒口为茔

　　□□□□康皇四十七年戊子九月初七巳时安福所袁家坪邢谭二家土地□□七十岁亡乾皇丁酉二月十八丑时开葬与公同墓

　　□□□□公进泰字德清生乾皇十二年丁卯八月廿六卯时湖北荒口人年□□□嘉皇五年乙酉三月初七日巳时安厝初九巳时移置八仙台上□□□□为茔

　　□□□□□□乾皇十四年己巳八月初二辰时湖南石门北乡信傀九区□□□□□土地人享寿八十岁

　　□□□□寅八月十五亥时荒口本保土地人六十

　　……

家族文书之二

历史上,细杉村随着江西、贵州、湖南等地居民迁移入住,逐渐形成白族、土家族、苗族和汉族等多民族杂居的居住格局,随之也形成了丰富多彩的传统文化,流传至今的有围鼓、战鼓、九子鞭(原花棍)、舞狮子、舞龙灯、舞草龙、喊山歌、哭嫁,等等。

嘉庆年间的摩崖石刻

此外,现细杉村村委会前的亭子下方的石座上有一处摩崖石刻,上面刻有"嘉庆八年唐贤升缘人刘氏改装观音金身一座"等字样。

五、代表性家族与人物

(一)代表性家族

1. 王氏家族

据王氏族谱记载:开祖公王敬蒯自江西吉安府吉水县大栗树,于洪武二年(1369年)移居湖北沔阳州景陵县官城村。洪武七年(1374年)设事有功,镇住九溪卫龙神潭衙前司二处。后于洪武十年自湖北来澧选充镇守卫前所总旗。洪武二十四年（1391年）靖安所千户。历祖王守诚，诚公生敬，敬公生王东岳。岳公生王纹，纹生道谦。已五世矣。永乐年间由澧迁鹤峰，垦荒于此焉。迄今一脉不混。各分支一见了然。嘉庆元年（1796年）丙辰春南北分序，维编以为子孙世传不弃。

2. 唐氏家族

据唐氏族谱记载，唐氏为麻寮土司的直系后裔。族谱中有容美土司与麻寮土司的关系以及清雍正年间对土司制度改革与改土归流的详细记载，《唐氏族谱》是一部研究容美土司史和麻寮土司史的重要文献。

《唐氏族谱》

关于此唐氏家族源流，史料记载不一。一为出自清朝麻寮所千户唐宗略之手的《九溪卫志·麻寮所志》。据《九溪卫志·麻寮所志》记载：麻寮所隘肇自大汉延熙二年（239年），投诚诸葛武侯，因受世袭土职。二为《晋阳堂唐氏族谱》。书中记载：唐肇先世居西蜀成都府，值汉运衰微，群雄蜂起，于献帝初平元年（190年），调征荆楚，随诸葛武侯大会江夏……功服群寇，开平五溪三苗以辟土，永镇于是……敕麻寮守御所土官千户职后,分关设隘,守御防卫,世职世守,以镇边疆,则麻寮所各员之所由起也。麻寮所及其前身麻寮土司首领均为唐氏世袭。

(二)代表性人物

陈建亚,原名陈学初,字道明,生于1930年2月,细杉村三组人。陈建亚自幼求学,投身革命,曾于1949年8月加入中国人民解放军,1951年4月加入中国共产党。在30多年的部队生涯中,曾历任文化教员、政治指导员、县人民武装部政委、河南省军区政治部主任等职。在解放战争中,陈建亚先后参加过湖南、广西、贵州、云南等地的战役,多次立功受奖。在抗美援朝战争中,荣立三等功,荣获朝鲜授予的英雄奖章,并荣获我国授予的抗美援朝纪念章。在社会主义革命和建设时期,陈建亚曾多次被评为先进工作者、优秀共产党员,多次出席河南省军区召开的英雄模范表彰大会。1968年8月,陈建亚在北京参加中央举办的学习毛泽东思想培训班期间,受到毛泽东、周恩来等党和国家领导人的亲切接见。1988年8月,陈建亚荣获中央军委授予的金质胜利勋章。2014年2月,陈建亚在河南省信阳中心医院病故,享年84岁。

刘张,又名刘章,1946年4月出生,细杉村一组人,其父刘支海,为湖南桑植县人,1928年跟随贺龙率领的工农革命军到湘鄂边苏区当军医,封刀接骨[①]水平高超,治疗枪伤最为拿手,1933年掉队回到桑植县,后因桑植县国民政府剿杀红军失散人员而逃到湖北的细杉村,在非常偏僻的大峪湾张家峪安家落户,生育一子,取名为刘张。刘张六七岁时就随父学医,十五岁开始在当地行医,为民治病。17岁进入乡卫生院工作,一干就是40年,直到2002年4月退休。他独创的"中草药接骨法"让无数患者摆脱病痛,重获新生。刘张于2020年2月29日在细杉村家中病故,终年74岁。

---

① 封刀接骨是土家族民间治疗骨伤疾病的一种方法。

白族聚居地

——铁炉村

铁炉村隶属于鹤峰县铁炉白族乡,是白族集中居住之地。2012年,该村入选住房和城乡建设部、文化部(现文化和旅游部)、财政部三部门联合公布的第一批中国传统村落名录。2017年1月,该村被鹤峰县委、县政府授予最美乡村荣誉称号。

一、村落概况

铁炉村位于铁炉白族乡格子河畔的南面,距鹤峰县城 126 千米,村落面积约 2.3 万亩,耕地面积约 1310 亩,森林覆盖率达 90% 以上。截至 2019 年末,铁炉村下辖 10 个村民小组,共 490 户 1978 人,主要聚集着汉族、白族、壮族、土家族等多个民族,其中白族姓氏以谷姓、王姓、钟姓、张姓等为主,白族人口占全村总人口的 32.7%。

铁炉村概貌(图片来源:何启发)

铁炉村境内山峦起伏、沟壑纵横,最低海拔 240 米,最高海拔 1200 米,其古村落徐家湾位于一处坡地,坐东南、朝西北,两边是高山,面积约 50 亩,中间是一条小溪,溪水顺坡而下,常年流水不断,水质干净,并含有多种矿物质,无污染。沿山沟有一条简易公路,交通不便,每当山洪暴发时,徐家湾就会与外面失去联系。由于铁炉村境内海拔悬殊,当地气候、植被等呈立体分布。村落大部分位于山地,气候温暖、湿润多雨。

铁炉村徐家湾古村落

铁炉村气候舒适、雨量充足、土地肥沃,适应多种经济作物的生长,为村民以种植增加收入提供了基础条件。近几年来,该村党支部、村委会带领广大村民紧紧依托山地资源优势,全面推进乡村振兴战略,大力发展茶叶、柑橘、水产养殖等特色产业,帮助村民发家致富奔小康,取得了前所未有的成效。茶叶是该村的支柱产业,是农民增收的主要来源。该村抓住鹤峰县大力推行"全域有机"的有利时机,号召村民兴建无性系良种有机生态茶园,力促村民发家致富。该村现有茶园面积达2300多亩,人均达1.16亩。为解决茶叶加工难问题,该村还着力兴建了9家茶叶加工厂和专业合作社,基本满足了茶叶加工的需要,为村民出售新鲜茶叶提供了方便,每年春茶上市时,村民的茶叶都能卖出好价钱。此外,村民还组建了鹤峰县硒农汇农业专业合作社,大力发展反季丑柑种植，铁炉村和临近碉堡村种植的丑柑现已成为当地农民增加收入的重要来源。

二、铁炉村白族来源

白族主要聚居在云南大理，为何会散居于湖北鹤峰？据查，这里聚居的白族是宋末元初随蒙古军征战来到长江中游地区的寸白军后裔。史载：1253年，蒙古大汗蒙哥令其弟忽必烈和大将兀良合台统军20万，渡过金沙江，在丽江九河一带大败大理国军队。之后越苍山，克大理城，灭大理国。1258年，又兵分三路，向南宋进攻。因兵力不足，就地征募以白族人为主体的寸白军，由大理国王段兴智的叔父段福率领，随蒙古大将兀良合台远征南宋。寸白军下交趾（今越南），攻广西，打潭州（今长沙）、岳州（今岳阳），于宋开庆元年（1259年）与忽必烈在鄂州（今武汉）会合，沿江驻防。后大汗蒙哥在钓鱼城（今重庆合川）战死，忽必烈欲返蒙继承汗位，又恐兀良合台生变，于宋景定二年（1261年）解遣兀部和寸白军。

此时，湘川黔渝一带为南宋所控，加之交通阻隔，由钟迁一、谷均万、王朋凯三个白族人带领的寸白军"溯长江、渡洞庭、漫津澧、涉慈阳（今慈利）"，当来到湘鄂川黔交界的武陵山地区时，见鹤峰一带极似家乡大理，便乐其风土，与先后至此的土家族人、苗族人和汉族人聚居于此，繁衍生息。

2004年10月，湖北省民宗委组织专班通过翔实考证，认定此处白族人确系寸白军后裔，虽与当地土家族人、苗族人、汉族人相互通婚，但仍保留有显著的白族特征。2006年3月15日，湖北省政府批准建立湖北省第一个白族乡——鹤峰县铁炉白族乡。同年9月8日，湖北省、恩施州和鹤峰县举行铁炉白族乡成立庆典大会，隐于鹤峰县的近万名白族同胞如愿归宗。

三、徐家湾古村落

徐家湾古村落是一片古朴典雅的老木屋群，共有15栋老木屋，2010年以前因交通不便,村民大多靠外出务工赚钱,如果建房,有的村民就在外面找地方修建新房,所以徐家湾的房屋基本保存完好。

徐家湾古村落是一个典型的家族式村落,延续200余年。铁炉村四周山岗环绕,绿树成荫,背山面水,背山可以防山风,面水可以方便生活。承载其发展的山水空间是一处典型的恩施地方传统人居环境理念中的聚落空间形态,是古村落的重要构成要素。徐家湾古村落古朴平和、恬淡宁静,有自然、原始之美。村中建筑大多顺应山势,依山而建,或自由、随意、有机地聚集于山凹之中,或散落于山坡之上,和山体合而为一。

徐家湾古村落

徐家湾古村落具有原生性。铁炉村徐家湾徐氏家族建筑群的选址、修造形式,是武陵山区传统人类居住地土地使用的杰出范例,是一种人类与环境互生共促的例证,是研究恩施土家族传统聚落、民居的为数不多的活标本。200多年前,徐氏祖先来到这里繁衍生息,发展到现在约十几代人,房屋从一栋发展到现在的二十余栋,形成了一个自然村落。村庄所在地山大、面宽,树木丛生,优质木材多,适合人们就地取材,修造木质建筑。因此,当地居民根据地形的变化修造出的干栏式、半干栏式木结构建筑,依山势、溪水流向发展,错落有致,别具一格。

徐家湾古村落具有完整性。这里过去只有一条小路与外界相连,交通不便,一直到2004年才修通一条简易公路,正是因为地形、地貌和特殊的地理位置,加之地方政府保护得力,其木屋少有翻修,保存完好,才形成了如今独特的建筑群落,使古村落在发展和传承过程中得以保持自身特色的完整性和连续性。

四、白族特色文化

铁炉村民间文化历史悠久,白族文化底蕴深厚。近几年来,该村组建了铁炉村民族文艺宣传队和铁炉村乡音乐器演奏队,添置了音箱,搭建了舞台,使具有地方特色的白族围鼓、仗鼓舞等民间表演形式回归到现实生活中,予以传承和发扬。民间传统文化活动的有效开展,不仅丰富了村民的乡村文化生活,还大力弘扬和传承了地方民族文化,使传统文化成为白族乡一道亮丽的风景。

(一)仗鼓舞

白族仗鼓舞又叫"跳帮仗",仗鼓舞是白族的传统舞蹈,因主要道具为仗鼓,长一米二,用木棒为杆而得名。关于白族仗鼓舞的来历,有以下四种说法。

一是以武打为背景,突出白族人强悍勇猛的性格。白族《钟氏族谱》记载:"……打糍粑,斗官差,拿木杵,做武器……"

仗鼓舞表演

1288年腊月,白族聚居地铁炉村一带,钟氏三兄弟正在打糍粑,几名官兵突然闯入,无理取闹,于是钟氏三兄弟与官兵发生打斗,用木杵当武器,打得官兵七零八落,狼狈而逃,官兵再也不敢到铁炉一带闹事。为了庆贺这场胜利，他们的子孙就把木杵作道具编成舞蹈，故称白族仗鼓舞。

二是以表演为依托，向兄弟民族展示艺术文化。白族《谷氏族谱》记载："跳仗鼓，玩武术套路，招招刚劲，灵活多变……表演性强。"白族刚迁居于此的第三年，土家族摆手舞、苗族猴儿鼓等民族舞蹈都已盛行。白族人决定创造打粑粑舞，并将武术招数等穿插进去，创造了白族仗鼓舞。

三是以比赛为动力，打造本民族舞蹈特色。白族《王氏家谱》记载："仗鼓舞，多人跳……擅比赛。"据说仗鼓舞由被明成祖朱棣授予"昭武将军"的谷永和创造，他以打糍粑为背景，把军队中的武打动作糅进舞蹈，随后在土家族"六月六"文艺演出评比时，一举夺魁。于是，谷永和为这个舞蹈取名白族仗鼓舞。

四是以消瘴为目的，强化自娱自乐特征。相传有一条恶龙经常出山危害生灵，三名白族工匠得知后，相约一起斩杀恶龙，饱食龙肉。但是龙肉在他们肚内兴风作浪，极为难忍。三人为消瘴，将剥下的龙皮拿来蒙长鼓，通宵达旦，起舞消瘴，因此，又名为瘴鼓舞。

仗鼓舞世代流传，深受群众欢迎。其舞蹈特征主要有以下几个方面。

一是舞蹈套路多。动作有"一二三""三二一""硬翻身""狮子坐楼台""野猫戏虾""兔儿望月""二龙戏珠""玉女扫地""三十二连环""四十八花枪"等，一共有九九八十一套路。跳时，以"倒丁字步"为步伐，必须是三人一组，鼎足而立。

二是杂以武术动作。白族仗鼓舞包含许多武术动作，如"苏公背剑""霸王撒鞭""三十二连环""四十八花枪"等，这些武术动作以仗鼓为武器，左冲右突，刚劲有力，显示出仗鼓舞强劲的力量。

三是打击乐器参与演跳，包括鼓、钹、小锣、笛、唢呐、长号等。音乐节奏明快、舞姿灵活多变，人们在有兴致时，还会发出"哦、喂"的吼叫，给人以粗犷、质朴的美感。

四是在一些大型民事民俗活动中，不受道具约束。人们参与时，可以拿农具或生活用具等作为道具，如羊叉把、火钳、饭篓子，踩着节拍翩翩起舞，给仗鼓舞增添纯朴、原始的美感。

（二）房屋壁画

白族建房必有壁画。壁画多是山水风光、花鸟鱼虫等，木质房屋框架的穿枋板上都画有各类图案。

白族房屋壁画

（三）中堂神龛

白族人家的中堂神龛与土家族一样，古时供天地君亲师位，中华人民共和国成立后则供天地国亲师位，还有的贴伟人画像。神龛下部根据喜事内容贴"喜"或"寿"字，添人进口则贴"喜"，过生庆寿则贴"寿"，两边须根据喜事内容贴相关的对联。白族神龛上还供祖宗牌位盒，牌位盒内藏记录历代祖先生平事迹的纸质或丝绢文书。

白族人家的中堂神龛

五、其他民间文化

（一）歌谣

铁炉村村民中传唱着一些歌谣，其中传唱较广的是生产歌《薅草锣鼓》。《薅草锣鼓》又称《薅草歌》或《挖土歌》，是流行在土家地区的歌谣。据《鹤峰县志》记载，有许多文人通过文学作品记述了这一劳动生产情景。

《薅草锣鼓》
薅歌六月满山岗,
锣鼓声声抑复扬。
莫道山中无礼数,
男男女女各分行。
栽秧薅草鸣鼓锣,
男男女女满山坡。
背上儿放阴凉地,
男叫歌来女接歌。
农人随口唱山歌,
北陌南阡应鼓锣。
莫认田家多乐事,
可怜汗雨拭盈蓑。

这种生产歌在挖土或薅草时,集中村上的男女劳动力于田头,由三人站在刈口上,鸣锣击鼓边奏边唱,以激励劳动者。锣鼓前奏时将劳力调到劳动的岗位上,然后唱"开歌场""请歌师"。开场的唱词基本上是固定的,歌词如下:

五更锦鸡闹喧喧,
银河滚滚雾漫漫。
闹喧喧,雾漫漫,
红日东升普照天,
照进龙门紧三关。
手执金弓银弹子,
打开桃源门两扇。
桃源洞中取歌鼓,
手捧孔孟书万卷。
扬州歌郎柳州姐,

男女活活二神仙。

笙箫鼓乐同路走，

弹唱歌舞赴歌坛。

等候一日功圆满，

春蔡净酒送神还。

一心归命礼，

迎鸾接驾下桑田。

（二）谚语

铁炉村村民中流行的谚语如下：

晴带雨伞，饱带饥粮。

人怕搬家，火怕移葩。

家吵必败，和气生财，

一争两丑，一和两有。

好汉不打妻，好狗不咬鸡。

一家养女百家求，九十九家打空手。

家有一老，胜似一宝。

（三）谜语

铁炉村村民中流行的谜语如下：

指头大个果果儿，里面包个火火儿。（烟斗）

一个屋儿窄又窄，只能装下五个客。（鞋子）

（四）歇后语

铁炉村村民中流行的歇后语如下：

一家十五口——七嘴八舌。

一粒胡椒吃不饱——顺的一口气。

八十斤的烟斗——劲在嘴巴上。

刀切豆腐——二面光。

六、代表性家族

铁炉村姓氏较多,但涉及人数不等,刘姓、张姓、向姓、唐姓、徐姓人数较多,为村中大姓。其中,有关徐氏家族的相关记载和考证较为详细。通过调查以及从徐氏族谱中考证,徐家湾的徐氏排行与族谱是一致的,都是从同一祖先传承下来的,户与户之间都是直接或间接的亲戚关系,顺延之,就是一个完整的徐氏家族。结合实际调查考证,整个徐氏家族呈现如下几个特点。

信仰一致,结婚、丧葬及其他一些民间习俗一致,生活习惯一致,房屋建造布局样式一致,到目前还没有其他样式结构的房屋,看上去,确有自然村落的体现。有共同的特点——勤劳持家、和睦相处、对外一致、内部高度统一。有共同的文化传承——围鼓、仗鼓舞、唢呐等。

徐氏族谱

围鼓之乡

——白果村

白果村隶属于鹤峰县走马镇,村中自然资源和文化资源丰富,盛产食中珍品——葛仙米,围鼓已被列入国家级非物质文化遗产目录,被称为围鼓之乡。同时,该村还是住房和城乡建设部等部门联合命名的中国传统村落,并获得湖北省宜居村庄、鹤峰县新农村建设示范村、鹤峰最美乡村等称号。

围鼓之乡——白果村

一、村落概况

白果村地处鹤峰县东南部，距走马集镇中心8千米，面积为7.35平方千米，平均海拔950米，日平均气温12.5℃，地处山地，土壤以黄壤为主，属微酸性土壤，适应多种植物生长，地域内生物资源、土地资源、矿产资源比较丰富。白果村以土家族、苗族居多，有少量白族，近年来有壮族、瑶族等女子嫁入。截至2019年末，全村下辖5个村民小组，共116个姓氏，667户2109人，加上化工厂小区及部分外来人口，总人口近3820人，是一个人多地少的宜居山村。过去，白果村耕种水田的村民在冬天关腊水①，春天栽秧。葛仙米在水田中自由生长，无需肥料。耕种旱地的村民则冬种土豆，春种玉米或豆类。养殖业以猪、羊、鸡、鸭为主。在饮食习惯上，村民喜食醪糟（甜米酒）、阴米（米花）、糍粑（糯

---

① 大寒到立春期间的河水或井水称为腊水，关腊水即在田里蓄满水，以备来年栽种水稻之需。

米粑粑）等。

白果村背靠巍峨雄奇的祖狮岩和七姊妹山，对面丘陵上是一望无际、连绵起伏的万亩茶园，中间是一块面积约5平方千米的小盆地，这里土地平旷、阡陌交通。稻田栽上秧苗，一片碧绿，田边农户屋舍俨然。三条小河从村中穿过，一条是田家河，一条是挂子溪河，河上有一座风雨桥（曾经叫屋桥），因土地革命战争时期，贺龙带领红军路过此桥，在桥上躲避风雨，老百姓为了纪念贺龙，叫它"红军桥"（此名称一直沿用至今）。还有一条河是小岩口河，三条小河最后汇合，流入大典河。

白果村概貌（图片来源：赵平国）

元明时期，此地为麻寮土司管辖。清初，为慈利县十八都麻寮千户所管辖。清雍正年间改土归流后，归鹤峰州礼陶乡（南乡）崇本里管辖。1929—1933年，为十区白果乡苏维埃政府管辖，并是乡政府所在地。1934年，为鹤峰县走马区白果乡白果保，1948年撤区设乡为白果乡白果保。1949年鹤峰县人民政府成立，仍为白果乡白果保。1950年3月，为白果区白果乡白果保，1955年6月撤销白果区，划归走马区管辖，为走马区白果乡白果生产大队。1958年12月完成人民公社建制后，为走马公社白果大队。1963年设区，为走马区白果公社白果大队。1975年撤区合并公社，为走马公社白果管理区白果大队。1984年3月，恢复区、乡、村建制，为走马镇白果乡白果村。1985年为走马区白果镇白果村，1999年为走马镇白果管理区白果村，2005年至今为走马镇白果村。

白果村（图片来源：向端生）

白果村，又名白果坪，因一株千年白果树，加之地势平坦而得名。白果村始于清乾隆初年，初成于清末，繁盛于抗日战争时期。清康熙年间，白果村还是一片荒坡，据顾彩《容美纪游》描述：十八日，雨。过麻寮所……暮抵白果树。荒坡无店舍，惟古银杏树一株，大百围，腹空可容十许人，行旅就宿其中，已为雷火焚去上枝。就根为墙，构薪作窝铺居焉。夜多燃薪环其外。而四远不知何人放火烧山，炬如列星，照耀通夕。夜半大雨如倾，衣被尽湿，最为狼狈。图中这棵白果树即顾彩在《容美纪游》中所描述的那棵树。

古老的白果树

下图是一块关于培植古银杏树的碑刻，碑文如下：

调湖北省宜昌府鹤峰州山羊隘巡检署降二级佘远思　着撰白果古志树也　乾隆二十六年经前任胡公礅石培植　畅茂条达至于不朽　勿剪勿伐永垂甘棠　但其根盘结　石台崩骞　奉调兹土　不忍废弛　爰特捐款鸠工　加石重修　聊继前志　实固保障后人仰瞻乔木　其庶几有怀馥国之恩乎

是以为序

嘉庆十七年冬月吉旦

据村中仍健在的老人回忆：当年（1945年）他还在白果小学读书时，那棵白果树枝繁叶茂，树下周围有一圈石碑，至少有七八块之多，后来因为学校加固树基，将白果树根部培土数尺[①]，导致有的碑埋在土里面，有的碑被损坏。仅有这一块放在他家的水井旁边。

碑刻

清政府将麻寮千户所的靖安隘建在距离这棵白果树不远的花桥坪（麻寮土司府衙距此约10千米），从此白果

---

① 1尺≈0.33米。

村始有人居住。自改土归流以后，白果村始从慈利县划归鹤峰州管辖，因首任知州毛峻德鼓励人们来州定居开辟农田，便有人在此定居并大量开垦农田耕种。

因这里是交通要道，在抗日战争时期，武汉、长沙沦陷后，大批难民逃往山区，常德、荆州等地难民涌入鹤峰，因白果村是必经之路，加之到白果村后便要踏上十里①陡坡，所以很多难民被阻滞在白果村一带，于是便有了商旅之兴。一些有头脑、会经营的难民便开始在此从事商业服务活动，起初由赵姓、苏姓、凌姓、范姓几户人家在此开馆、开店、设铺、兴业，生意越来越红火，也招引了很多人到这里定居安家。据一些老人回忆，这里曾经商贾云集，行人络绎不绝，热闹非凡，并逐渐形成几里长的街市。抗日战争胜利后，部分难民回到了原籍，但大多数人则因路途遥远而在此定居。

现在，白果村实行村社合一。村中现有街道3条，一是传统的青龙街，二是现代的建设街，三是芙蓉街。其中，青龙老街是过去容美土司时期、鹤峰州到湖南石门以及湖北松滋、荆州等地的必经之路。此外，还有学院路、化工路，鹤南公路串村而过。村民基本以姓氏院落群居，有周家院子、陈家院子、满家院子等，以及范家坡等小村落。

二、鹤峰围鼓

白果村历史文化背景深厚，乡村文化活动相当活跃。狮子灯、花鼓灯、围鼓（俗称打溜子）、柳子戏等都是该村老一辈艺人传承下来的经典文化活动。其中，围鼓已被列入国家级非物质文化遗产代表性项目名录。白果村成立了生态文化演出队，并多次代表走马、鹤峰到恩施、武汉演出，累计观众数量达30万人之多。多次应邀到湖南石门、慈利、桑植等周边县市演出，丰富多彩的文艺节目吸引周边观众数量达20万人以上，名震湘鄂，并多次获得演出奖。2013年，在与周边几个县市举行的围鼓大赛中荣获第一名。

---

① 1 里 ≈ 500 米。

（一）围鼓的源流与分布

鹤峰古称容美，雍正皇帝曾称"楚蜀各土司中，惟容美最为富强"，其政治稳定，经济文化繁荣。早在明天启年间，容美土司田玄就曾写下"繁华暗欲歇，歌鼓漫催声"的美妙诗句。清顺治年间亦有"声鼓嚣嚣震二京，幕府高张招壮丁"的记载，锣鼓在当时广泛运用可见一斑。伴随着土司时期的唱戏、玩灯等各种活动的蓬勃开展，锣鼓演奏不仅轰轰烈烈，而且逐渐自成体系。

走马和铁炉是鹤峰围鼓初现并广泛流传的地方。据走马大典的一些百岁围鼓艺人回忆，他们十几岁时就学打围鼓，是一些六十岁左右的还傩愿、玩花灯的人教的。二十世纪四十年代，抗日战争爆发，长江水路禁航，鹤峰是川鄂重要通道。白果成为从湖南宜沙（现壶瓶山镇）通达四川的茶道、盐路的必经之地，来往客商不断，街市灯火通宵达旦。一些四处漂泊的南剧、柳子戏艺人纷纷来到白果，与走马一带的傩戏挂钩搭班演出，开课授徒，很是活跃。据老艺人罗绍华介绍，通晓南剧、柳子戏武场（即打围鼓）的龚伦宽，在其故里南北操练了一个鼓上发眼[①]的锣鼓班子，到白果为一豪门大户贺喜，演奏时，围观的人里三层外三层，场面十分火热。柳子戏艺人崔荣胜在走马也操练了轰动一方的鼓上发眼的锣鼓班子。将锣上发眼的摩眼锣鼓升级发展为鼓上发眼的鼓眼锣鼓，即围鼓，特别受人欢迎，相继出现在南北、杨坪、锁坪、白果、走马、阳河、柘坪、梅坪、大典、芭蕉、铁炉、江口等地，鹤峰几乎成了鼓乐世界。年轻小伙们都把打围鼓视为一种乐趣，如此盛况一直持续至今。

（二）围鼓的表现形式

鹤峰围鼓主要有两种表现形式：一是鼓眼，即以鼓为核心，靠鼓师来指挥演奏，在鹤峰的走马、铁炉一带的围鼓班子均属鼓眼锣鼓；二是摩眼，即在没有鼓或鼓师的情况下，或者在即使有鼓师参与的情况下，其鼓师也并不行使

[①] 发眼，行话，即鼓师用鼓签或手势所发出的信号。

指挥职能，全靠演奏人员相互之间约定俗成的办法进行演奏，亦可在演奏的过程中由其中一人通过传递眼神或暗示动作使其他演奏者心领神会，或转换曲目，或调整演奏情绪，从而使演奏顺利地进行并达到满意的演出效果。

围鼓表演

（三）围鼓的艺术特征

鹤峰围鼓是以鼓为核心并依据鼓师指挥而演奏的艺术形式，所以演奏人员必须密切关注鼓师用鼓签和手势比画出的各种象征性符号（俗称"发眼"）演奏出的指令性曲牌，严格地依令演奏，其中的抑扬顿挫的节奏、轻重缓急的力度甚至整体情绪的表达，都是在鼓师鲜明而巧妙的指挥下进行的。

鹤峰围鼓曲牌，有显现自然风光和物象的"美柳景""半边月""月儿圆""凤落塔""小鲤鱼""水底鱼""扑灯蛾""飘香""豹子头"；有展示物象情态的"画眉走桥""八哥洗澡""河鹰展翅""蛤蟆吐泡""鱼戏水""牛擦痒""双狮捧球"；有寓意吉祥的"龙摆尾""双龙出洞""红绣球""上天梯""闪翅""堆罗汉""八仙过海"等；有表示曲牌体式的"挑捶""新鼓头""一二三""两头尖""十一捶""三阴三阳""三火炮""撩子"等。

围鼓的必备道具：鼓、大锣、小锣（钩锣）、头钹、二钹。

（四）班社与艺人

走马、铁炉所辖的乡镇、山村基本上都有围鼓演奏班，地方职能机关若逢庆典或迎送贵宾需要哪个围鼓班，招之即来，来之能奏。近些年仍活跃的围鼓班有王兆梧围鼓班、苏国明围鼓班、古城围鼓班、李桥围鼓班、谭家父子围鼓班、向才保围鼓班、向虎成围鼓班，还有北镇围鼓班、大典围鼓班等。

白果村的围鼓传承人如下：

苏国明，8岁时即跟着父亲苏化真学习打围鼓，后随伯父苏化福（傩坛掌团师）学艺出师。60多年来从未间断打围鼓。2010年被湖北省文化厅列为湖北省第二批省级非物质文化遗产项目代表性传承人。

苏国和，6岁即跟着父亲苏化真学习打围鼓，后随伯父苏化福（傩坛掌团师）学艺出师。2014年被恩施州人民政府列为第四批州级非物质文化遗产项目代表性传承人。

（五）围鼓的当代传承

在快速发展的当代社会，围鼓作为白果村传统文化的重要组成部分，人们通过各种方式对其进行保护和传承。在当地相关部门、文化爱好者及围鼓传承人的共同努力下，围鼓走进了校园、进入了课堂。这加深了青少年对传统文化的了解，有助于围鼓文化的传承和发展。白果小学是民族传统文化传承学校，聘请围鼓传承人苏国明、苏国和为教师，将围鼓传授给青少年。同时，围鼓也走进了社区，广大村民在积极参与围鼓表演的过程中，更加了解围鼓的特征和形式，围鼓也逐渐成为村民普遍喜爱的文娱活动。

三、文化遗址

白果村物华天宝、历史悠久、底蕴深厚，具有较多的文化遗址，如古道、古桥、古井、古碑刻等。其中，古老的白果树有着明确的文献记载。清康熙四十三年（1704年），江苏无锡戏剧家、诗人顾彩游历容美（今鹤峰），在其编著的《容美纪游》中就曾记载：暮抵白果树，荒坡无店舍，唯古银杏一株，大百围，腹空可容十许人，行旅就宿其中……这段记载证明了300多年前的白果树已是枝繁叶茂、古老沧桑。

在美丽的挂子溪之上，有一座名叫红军桥的木桥，说起来，它可有一段令人难以忘怀的历史。1930年以前，这座木桥还很简陋，时值土地革命战争期间，贺龙元帅在堰垭杜家村进行工农革命军整编，正式将队伍命名为中国工农红军第四军，并挺进走马、白果一带开展土地革命，当地的地主老财们闻风丧胆，带着财产仓皇逃跑。敌人为了阻止红军，一把火烧掉了木桥。为了帮助乡亲们及时抢收粮食，红军战士和乡亲们通力合作，用最快的速度重修木桥，并将之命名为红军桥。

青龙街为白果村最古老的街。全长约1千米，形成于清末民初，在抗日战争时期，武汉、长沙沦陷后，难民开始西迁，

挂子溪古茶道

却因大岩关的山路陡峭、危险而受阻，于是白果村成为难民滞留、聚集之地，人们便在此开店，经营餐饮、住宿等，形成了一条弯弯曲曲的街道，便命名为青龙街。

红军桥（图片来源：罗剑锋）

白果村原住居民一般聚族而居,特别是抗日战争导致难民在白果村滞留期间,为了免受外来的侵扰,一个家族居住在一块便于保护本族利益,就形成了陈家院子、满家院子、周家院子、苏家院子等以姓氏命名的小聚落。

青龙街牌楼

陈家院子

四、乡风民俗

在生产习俗方面,白果村普遍种植水稻,传统习惯于用板斗脱粒,选取平坦向阳地块晒谷,并用风车净谷,之后再储存起来。

板斗脱粒

晒谷和净谷

白果村的稻谷脱粒先是用人工板斗,随着时代变迁和科技进步,现在已有

半机械脱粒

半机械的电动脱粒机,并借助风车来净谷。

在生产工具方面,白果村村民习惯于挑物,而不擅背,所以家家都有挑篓、笆篓、冲担、扁担等工具,村民遇到雨天则穿蓑衣下地劳作。

挑运工具分箩筐、挑篓等。箩筐挑细籽粮食,挑篓则主要用于挑玉米棒子、红薯、土豆等作物。

挑篓

挑运工具

在生活习俗方面,白果村村民喜欢给幼儿制作摇床。饮食上,他们喜欢吃合渣,自己用石磨将黄豆磨成浆,然后煮熟加菜而食。此外,村民还喜欢吃糍粑,喜欢吃玉米粉子饭。秋天将玉米脱粒后在太阳下晒干，名曰晒子谷。

白果村的糍粑做工讲究，有专门的模具，模具上或刻有福、禄、寿、喜等字样，或雕有喜鹊闹梅、龙凤呈祥、二龙戏珠等图案。糍粑还有大小之分，大糍粑一般用于送礼，当地有"拜年拜年，粑粑上前"的俗语，小糍粑则自食。

用石磨磨豆浆

糍粑模具

土家四道茶是起源于古称容美的鹤峰。清初文豪顾彩于康熙四十三年（1704年），应容美土司之邀，游历容美五月有余。在他的《容美纪游》中有这样一段描写：山环水复，中多云雾，好茶处处有之，茶商茶贾往来更无虚日。以容美茶汲白鹤井之水，煮沸，更有紫气升腾，如仙鹤起舞，乃绝代美容茶，惊世鹤之峰。

第一道茶——白鹤茶。在茶道乐团演奏《鹤峰采茶谣》《茶歌》《柑子树》等轻松愉快的茶道音乐中，端着古色古香的茶具给客人上白鹤茶（现名富硒茶）。相传一只白鹤从武陵山飞去大巴山取仙丹，逢容阳大旱，白鹤遇难于茶山，被土家阿哥咬破手指滴血相救。白鹤取回仙丹后，见土家阿哥打井找水很吃力，遂吐丹于枯井，枯井溢满了清泉，白鹤却献出了生命。白鹤井由此得名，白鹤井的井水所泡之茶叫作白鹤茶。

第二道茶——泡米茶。当地村民沿袭了土家族人的咂酒遗风。此茶制作精细，是将糯米蒸熟后阴干成阴米，再用河沙爆炒成泡米。冲泡米茶时，先要将开水慢慢地从碗边旋至中间，否则，泡米就会蹦出碗外。然后在碗上放一支竹筷，供客人搅拌糖和泡米。这只竹筷象征着咂酒用的竹管或麦管。

第三道茶——油茶汤。不来贵客，不筛油茶。油茶汤是将富硒茶与油炸过的新鲜玉米粒、黄豆等一起冲泡而成。做油茶，用茶油最好，炸出来的食品，要呈棕黄色，特别香脆。富硒茶最好是中等炒青，春夏季做油茶汤时用新制茶叶，味道更加鲜美可口。拌料可选择玉米花、泡米花或油炸糯米花，以及花生米、豆腐丁、瘦肉丁、油炸鸡蛋等。

第四道茶——鸡蛋茶。一般是土家族新郎和新娘在婚期或儿媳在父母寿庆时孝敬双亲的一道茶，吃茶必有馈赠，名曰茶钱。每碗茶放三个蛋，土家族人认为：一生二，二生三，三生万物。现在，筛给客人的鸡蛋茶不收茶钱，只是作为一种礼仪，客人送给主人的是祝福，主人送给客人的是吉祥。

土家四道茶

五、民间文学

（一）传说

白果村流传着一些民间故事，其中最广为人知的就是关于将军岩的传说，内容大致如下：

将军岩是白果村后的一座山峰，山体高耸入云，奇峰罗列，为诸峰之首。传说天上有位弈棋将军,棋艺精湛,天上无敌手,想到凡间寻找知音。一天,他乔装打扮成一位白发老人,来到大崖关下,想探访凡间棋圣。来了一位白发棋手的消息惊动了一位放牛娃,放牛娃想拜老人为师,他们还商定对弈三盘,谁输了谁就从岩上往下跳。

将军岩

谁知一盘棋从日出下到日落,又从日落下到旭日东升,老人被放牛娃磨住了。于是他呼风唤雨,制造麻烦,以扰乱放牛娃的注意力,谁知放牛娃仍是镇定自若,穷追不舍。老人无可奈何,仰天叹道:"天上无人是真,地上无人是假,一个毛头小童都能将我一个将军磨住,来个大人岂不要了我的老命?"说完以掌击石,现出将军原身,腾云驾雾而去,放牛娃见了,惊呼:"将军!将军!"从此这里便被人们称为将军岩。

(二)歌谣

白果村村民中传唱着一些歌谣,其中传唱较广的是情歌《真情》。

《真情》

马上甩下戒指来

高山跑马把头抬,

马上甩下戒指来,

你是金子我不捡,

你是银子我不爱,

妹妹选人不选财。

唱歌要有两个人

唱歌要有两个人,

驭牛要有双撇绳，

双绳套牛才好驶，

俩人唱歌才好听，

双吹双打才有劲。

六、代表人物

（一）刘现典

刘现典（1834—1902年），字厚菴，又名刘礼仁，四川蓬溪人。光绪辛巳年（1881年）至壬寅年（1902年）任鹤峰州山羊司巡检。

光绪十年（1884年），林紫宸利用贩茶所得巨资，招募民工数百人到湖北鹤峰与湖南石门两县交界处开办铜矿，不料遭到关外当地士绅民众的强烈反对。当时白果村行政辖地号称一十九保半，盛产水稻、茶叶，较鹤峰其他乡镇富庶，兼有茶道经过，市场十分兴旺，比南北、走马更为繁华。可惜因1882年和1883年连续天灾，粮茶双减，民不聊生。社会上开始谣传，之所以受灾就是因为林紫宸开矿，挖断了走马的"龙脉"，以致群情激愤，一致推举鹤峰州山羊司巡检刘现典带领几百名乡亲去抢夺矿厂财物，砸毁设备。林紫宸上京，状告刘现典聚众抢劫，将刘现典和10多个领头的乡民逮捕。

刘现典又找到湖南巨商卢次伦，力陈当地灾民苦状，获得卢次伦的同情，并在卢次伦的支持下反诉林紫宸，理由是林紫宸未经当地官民同意，擅自开矿，而这种开采掠取了鹤峰的矿产资源，"有益于商，无裨于民，非地方之美利也"。另一条理由则颇带迷信色彩，理由是采矿挖断了走马的"龙脉"，造成连年灾荒，致使走马百姓无法生存，强烈要求停止开矿。他们还在状词上写上关外民谣："天见林紫宸，日月不明；地见林紫宸，草木不生；人见林紫宸，有死无生……"

这场官司整整打了三年，刘现典应诉、反讼，住在北京不走，为了支付食宿费用、打点法官，几乎倾尽家产，最后在众多人的帮助下才打赢了这场旷日持久、错综复杂的官司。胜诉后，刘现典颇为风光地荣归故里，关外的老百姓欣喜若狂，挂彩旗、吹唢呐，用箩筐挑着鞭炮去迎接他，还有一些人在头上顶着一盆水，或顶着一面镜子到路上站着等，意寓他是"清如水，明如镜"的好地方官。

撇开这场官司的是非输赢不说，刘现典这个人确实有些优点，受百姓拥戴，他是四川人，被调派到鹤峰州山羊司任巡检。接到任命后，他自蓬溪出发，沿嘉陵江南下，经重庆，过三峡到宜昌，然后从宜都渡江，脚穿草鞋，自己背着行李，沿古茶道前往鹤峰上任。他为官清正、爱护百姓、关注民生，同宜沙泰和合老板卢次伦交厚。虽然他反对林紫宸开矿，却从不反对百姓种茶、贩茶。他还带头捐资、修桥补路，维护茶道畅通，鼓励农桑，接收过许多外省（特别是湖南、四川）的难民和移民，急人之难，不遗余力。在他离家打官司期间，家里生计艰难，仅靠妻子卖豆腐维持一家十几口人的生活。刘现典卸任后，在白果村老街买了周姓老师的旧屋居住，其后人多经商。据说林紫宸在矿山停工后，黯然离开九台乡，重操旧业，继续做红茶生意，但很少再来鹤峰关外。

白果村老街刘现典故居的木窗是其后人翻修房屋时有意保存下来的。白果村兴隆街下街头石拱桥，相传为刘现典任巡检时修建的。清光绪十一年（1885年），鹤峰州首征茶税，同时增设黄柏山税、手行、屠宰及田房契税。

（二）范盛齐

范盛齐（1927—2010年），能唱傩愿戏，打丧鼓，玩狮子灯，演花鼓灯丑角，是土家围鼓、薅草锣鼓领班等。2003年6月被恩施州政府命名为"恩施州民间艺术大师"。

（三）高润身

高润身（1930—2012年），著有《容美纪游注释》《〈容美纪游〉评注》等著作。

（四）龚伦美

龚伦美，生卒不详，会雕刻、擅绘画与诗词创作，著有诗集《蕴斋啼笑》等。

七、特色物产

白果村盛产一种淡水野生藻类植物——葛仙米，又名天仙米或天仙菜，为湖北省著名特产。葛仙米为水生蓝藻植物，无根无叶，墨绿色珠状，纯野生，对生长环境要求极高，在世界上的分布稀少，我国主要分布在湖南与湖北交界一带。葛仙米不仅是名副其实的纯天然绿色食品，且营养价值高，富含18种氨基酸，其中含8种人体必需的氨基酸，维生素含量比山楂高5倍多，维生素B_1、B_2高于一般藻类，含15种矿物质，是高蛋白多功效营养食品，是宴席上的珍贵佳肴，堪称中国一绝，世界珍稀。

葛仙米

葛仙米的传说：东晋时的医学家、道教理论家、炼丹家葛洪（人称"葛仙公"），发现该藻类味道鲜美、营养丰富，具有明目益气、解热清火、消除疲劳、利肠胃等作用，就入朝将它献给帝王，当时正值太子体弱多病，太子食用后，身体康复，帝王感激葛洪进献灵丹，于是赐名为"葛仙米"，并沿用至今。

红色老街
——五里村

　　五里村隶属于鹤峰县五里乡，村落地势平坦，人口集中，是五里乡政治经济文化中心。2012年，住房和城乡建设部、文化部（现文化和旅游部）、财政部三部门联合公布了第一批中国传统村落名录，五里乡五里村名列其中。2018年，五里村入选第一批湖北省历史文化名村，也是当时恩施州唯一入选该名录的村庄。

一、村落概况

五里村与金钟村、紫荆村相邻，距鹤峰县城 56 千米，平均海拔为 1100 米，全村林地面积为 1180 亩，耕地面积为 395.7 亩。截至 2019 年末，五里村下辖 2 个村民小组，共 246 户 987 人。该村是一个多民族聚居村，主要有土家族、苗族、白族、汉族等。其中，土家族占总人口的 93.9%，汉族占总人口的 2.9%，苗族占总人口的 2.8%，其他民族占总人口的 0.4%。

五里村四季分明，雨量充沛，气候温和，光照充足，适于茶叶、玉米、蔬菜等多种农作物生长。五里村因占地理优势，多数村民以经商为主，兼种所分耕地。五里村的自然条件适宜旱粮作物和烟叶等经济作物的生长，是鹤峰县的主要粮食产区和烟叶产区，区域经济中农业占绝对比重。改革开放 40 多年来，该村不断调整产业结构，抓农业、林业和牧业品种改良，抓基地建设和规范化生产，加大主导产业建设和后续优势产业建设，培植茶、箬叶、魔芋、银杏、山羊等特色产业群。

据说，明天顺年间，五里坪（今五里村）是一块芦苇丛生的地方，由于南方发大水，再加战乱等原因，不少逃荒的人迁移到此地。当时有陈、李、万、向、费、胡、赵、张等姓的人先到此地，挽草为记，插树为标，在这里住下来，进行自然开发，繁衍生息。后陆续迁来的人不断增多，例如，蔡姓从江西迁来，刘姓从湖南常德澧县迁居而来，黄姓从福建邵武和平迁居而来，覃姓从湖南迁居而来，谭姓从湖北秭归、巴东迁居而来，等等。因此，五里村成为一个移居、混居的地方，随着人口的不断增多，其地盘也向四周不断扩展。

五里村概貌

元明时期，该地为靖安土司辖地，明朝中叶被容美土司占领。清雍正年间改土归流，清政府在五里坪设鹤峰州同署衙，五里坪属鹤峰州礼陶乡。1912年，中华民国成立，五里为友助乡，乡政府所在地即在五里村。1929年至1933年7月，为湘鄂边苏区鹤峰县苏维埃政府第九区。同时，中共湘鄂边特委机关和湘鄂边联县苏维埃政府设五里村。1934年，红军战略转移后，国民党强化保甲制度，五里为第四区，区政府驻地为五里村。1941年，废联保设乡，五里为走马区五里乡，乡政府设在五里村。1949年11月25日，鹤峰县人民政府成立，行政区划依旧。1950年1月，五里属关内区，归燕子区管辖，同时改"保"为"村"。1958年春完成人民公社建制，五里属燕子公社五里大队；恢复区建制后，设五里区，区政府驻五里村。1975年，撤区并社，五里村为五里公社五里管理区的一个大队，公社和管理区均驻五里村。1984年3月，恢复区乡行政区划，五里属五里区五里镇管辖，区、镇政府均驻五里村。1997年，全县撤区建乡，五里乡政府驻地亦在五里村。

该村现有一条古街道和一条新大道，并呈东西走向，中间有两条横街。还有部分农田。大多数村民居住在街道两侧，兼有农田，从事亦农亦商的商贸经营，亦有部分村民从事纯农业生产。

二、五里坪老街

五里村作为中国传统村落，保留有较多的历史文化遗迹，如保存完好的五里坪老街。五里坪老街在清朝时是重要的茶叶营销街，设有泰和合茶号等。土地革命战争时期，湘鄂边联县（鹤峰、桑植、五峰、长阳、石门）苏维埃政府设在这里，红军部队曾驻扎在这里。

（一）五里坪革命旧址

五里村不仅有大量的古物遗存，还具有丰富的近代革命传统资源，如五里坪革命旧址、红军驻军旧址等。其中，五里坪革命旧址是全国重点文物保护单位，是恩施州境内唯一一处以革命根据地为历史载体和民居建筑聚落形态为主体的群体性建筑,是鹤峰县红色旅游和民族旅游的宝贵文化资源。

五里坪老街(图片来源:何启发)

五里坪革命旧址(图片来源:何启发)

五里坪革命旧址位于湖北鹤峰县五里乡五里坪老街中段,该街道布局整齐,保存完好,全长150米,旧址分别排列于街道两侧,均系悬山顶穿斗式结构木房,共117间,占地面积为2300平方米。

五里坪革命旧址主要包括中共湘鄂边特委机关旧址、湘鄂边联县苏维埃政府旧址、湘鄂边独立团团部旧址、五鹤游击梯队队部旧址、湘鄂边联县苏维埃政府后方医院旧址、湘鄂边红军被服厂旧址、湘鄂边联县苏维埃政府赤色监所旧址、湘鄂边联县苏维埃政府商会旧址、合作社旧址等。湘鄂边联县苏维埃政府在五里坪老街中段南侧，共六大间，目前尚剩三大间，分上下两层，旧址现略向东倾斜，但基本保持原貌。

1929年至1930年，红四军曾三次驻扎五里坪老街，贺龙两次居住于此。贺龙曾率领红四军、红二军在这里开展了著名的五里坪围歼战。从此，湘鄂边苏区以鹤峰为中心，形成了整个湘鄂西革命根据地的战略后方和反"围剿"斗争的主要战场。1929年6月，鹤峰县九区农民协会在这里成立，1930年4月改称第九区苏维埃政府。1931年4月7日，湘鄂边联县苏维埃政府及中共湘鄂边特委机关等机构相继迁入五里坪，这里成了湘鄂边苏区的中心。1931年4月27日，根据中央指示，中共湘鄂西中央分局在五里坪召开了特委扩大会议，改分特委为湘鄂边特委。

五里坪革命旧址是研究湘鄂西武装割据的战略后方和总策源地湘鄂边苏区的代表性遗存，是研究中国工农红军三大主力之一的红二军孕育过程的实物依据，是全国最早的以土家族、苗族、白族为主体的革命力量在中国共产党领导下武装夺取政权并建立革命根据地的历史载体和土家族民族精神的凝聚与物化。

（二）古茶行

1. 泰和合茶号

泰和合茶号遗址位于五里坪老街，为两层木质吊脚楼，两侧有木质楼梯通道，骡马从一侧上二楼卸货，再从另一侧下一楼。茶号遗址即现在的老街中段大会堂旧址、九区妇女协会旧址、红军驻军旧址、五鹤游击梯队队部旧址。

《鹤峰县志》（1985版）卷三十《人物传记》记载：林紫宸，广东人，生卒年月不详。清光绪二年（1876年）来鹤峰办红茶，传授红茶初制技术，建英商泰和合茶号，在各主产茶区设分庄，收购红毛茶。自此，鹤峰茶叶迅速发展，为了方便集中调运，泰和合在鹤峰县城和五里坪设转运站。由于英国人卷入第一次世界大战，英商经营的红茶生意日趋直下，英商撤销了林紫宸买办之职，直至民国初年泰和合倒闭。后被当地的邹

泰和合茶号遗址

昌盛接手，继续经营。邹家后代到二十世纪八十年代仍保存着中华人民共和国成立前做茶生意留下来的茶罐。上面有刻文：枝上求友，鸟语花香，丁丑春月，作于绿江。落款：寄语邹昌盛。茶罐是邹昌盛特意去景德镇定做的。

2. 协同茶行

协同茶行为欧应田所开，位于现五里乡人民政府正对面，房屋呈"丁"字形，正屋为四扇三间吊脚楼，正屋往后延伸有四间木屋，分别是堂屋、火炉、厢房、骡马圈。现房屋已不存在。茶行为欧应田夫妻两人共同经营，请有两位长工做帮工。茶行生意以收购茶贩的茶叶为主，附带收购生漆、桐油等山货，货物运往湖南石门、常德、津市。茶行为客商提供住宿，设骡马圈，为骡马提供给养。据当地人回忆，茶行的经营时间早于王大义客栈。寻梅台、潼泉、五峰、宜都的茶商大多都在协同客栈和王大义客栈歇息。因协同客栈马圈较大，所以有骡马的茶商往往住在协同客栈。

3. 愈兴茶行

愈兴茶行位于五里坪老街，房屋面积约600平方米。欧用武（欧应福）于1918年左右开始经营茶行，茶行房屋现已不存在，遗址位于现五里乡人民政府。1957年，当地政府仍在这里设过茶叶收购站。房屋为两层木房，呈"丁"字形，正屋每层有三间房。后面延伸有两栋两层横屋，一侧六间房，两边加起来共十二间房。

欧用武生于光绪三十二年（1906年），于二十世纪七十年代去世，育有二子

一女，子邹应律、欧高球，女邹青年。邹应律子邹世中、欧明正、欧明顺，女邹菊艳，邹世锦。

欧用武与邹二姐（邹昌盛的妹妹）结婚，做了邹家的上门女婿，当时邹昌盛已接手泰和合。1918年老街被烧后，欧用武借泰和合的资金修建正屋开始做生意，积累资金后扩充修建后面的横屋。

愈兴茶行遗址

茶行雇有 3—5 名工人，收购红茶，也为茶商和骡马提供歇息。自家也养有马匹，据当地人回忆，欧用武的妻子邹二姐回五峰娘家都是骑马。茶行的茶大多来自潼泉、燕子、五峰、湾潭、桃山、南渡江、东乡的初制红茶。茶商肩挑、背驮或骡马驮运而来。茶行的工人有时也会下到各个村落收购初制茶。所收购的红茶主要卖往宜都、石门等地。

茶行前面摆放有长凳和长桌，欧用武会亲自检验茶叶的质量。茶桌上放碗，用茶叶泡碗水，通过观茶色、看茶片、闻茶香来定茶价。

后因其妻邹二姐爱赌博，家里生意不红不火。邹二姐死后，欧用武另娶马家女儿为妻，夫妻齐心经营，家里的生意便越来越红火，欧家也开始发家致富。先后开有愈兴茶行与福兴漆行，收购茶叶、桐油、生漆等土特产。

中华人民共和国成立后，欧用武携房产入股，加入供销合作社工作，在供销合作社卖日用品。茶行后被区公所交换用作区公所的办公楼，杨淑英的房屋则换给欧用武作为住宅。

4. 同福茶行

同福茶行为朱朝策所开，茶行总店遗址在今五里乡文物管理部门，分店现已无迹可寻。总店为三层木质房屋，一正一横，横屋有两间房。

1930年，朱朝策参加红军，1936年回家开办茶行。茶行主要收购附近南渡江、燕子、潼泉等地的红茶与生漆、桐油等山货，同时贩卖日用百货。一楼为生意门面，横屋的两间房,一间卖货,一间收货。屋后设骡马圈喂养自家与骡客的骡马。二楼设有休闲娱乐室,供客商打"百和"(一种娱乐活动),当地人也因此称朱朝策为"百和主人"。三楼主要存放茶叶、山货、日用百货等货物。收购的茶叶主要运往湖南的津市、河口卖掉,再换回布匹、盐驮回五里坪卖。茶行生意好后,朱家产业慢慢扩大,先后曾开过朱氏染坊与朱万顺漆行。

受抗日战争的影响,各地客商都要经过五里坪这个货物集散点和大通道,因此,茶行生意红火,早晚都有客商出入。据朱家后人回忆,当年生意兴隆之时,客商吃饭跟开流水席一样,早晚不间断。

朱朝策生有九子,存活五子。茶行为夫妻共同经营,其妻在后厨为客商做饭,家里请有两位长工向良善(燕子坪人)、张义德(四川人),两位长工成家后仍旧在茶行做事。

划分成分时,朱家被划成工商业兼地主,全家受影响。朱朝策仅剩的土地让其妹妹、妹夫赌博输光。后公私合营时,朱朝策携房产入股参加供销合作社,茶行改名为"万顺商店",一直工作到退休年龄才放下工作,安享晚年。从茶行到供销合作社,朱家经历了四代人。

5. 刘居和茶行

刘居和茶行位于五里坪老街,茶行为刘文清十九世纪八十年代所开。1918年左右,茶行停止经营。刘居和茶行对面为泰和合茶行,据当地人回忆,茶行的规模和泰和合一样大,经营时间早于邹昌盛接手的泰和合茶行,最初的生意也好过泰和合。刘居和茶行店面大、生意好,一年最少能收购十几万斤初制红茶。房子后面是装有玻璃窗的操作间,玻璃窗操作间中一般有几十人(具体数据无从考证)制茶。

刘文清做生意经验丰富,收茶

刘居和茶行遗址

和山货时要价低,压价狠。当时流传有打油诗:能吃三服药,不缠刘居和;能吃四两姜,不缠张大娘(刘文清妻子)。

因刘居和做生意太过计较,后期势头逐渐被泰和合压了下来。刘居和茶行的生意主要是对内,做当地和附近区域的生意,茶大多销往宜都。泰和合的生意主要是对外通商,做出口贸易。

(三)客栈

1. 刘巧月客栈

刘巧月客栈位于五里坪老街,客栈为刘巧月夫妇共同经营,客栈为两层木板房。堂屋中间有小天井,是一个小四合院,客人多为商贩、挑夫、百姓。刘巧月,1930年7月3日出生于五里坪,后与蔡友新结婚安家,便承担起蔡家世代传承的客栈经营重担。1955年公私合营时,刘巧月与丈夫蔡友新带头将私家客栈与其他两家合在一起,成为供销合作社的下属客栈,她出任经理,1957年被评为全国劳动模范。

刘巧月回忆,客栈原来靠堂屋的一侧有一字排开的4口大锅,专门用来给客人炒菜、蒸饭。靠右边的一侧也有一口大锅,还放了一个很长的条桌。这口大锅专门用来蒸粑粑,条桌就用来放蒸笼。那时候,从早晨五点半开始,直到晚上十一二点,灶都是不熄火的。长年累月,天天如此。

刘巧月客栈旧址

1976年之前,从鹤峰到走马的简易公路还没修通,从鹤峰经过五里到走马、铁炉、堰垭、湖南石门,只有一条骡马路,没有车。土特产要运出去,工业品要运进来,主要靠人挑和骡马驮。从鹤峰到五里,青壮年人空手赶路都是"两头黑"(天未亮时出发,天黑时到达),

更别说挑着担子走路。从五里到走马,空手赶路也要4个多小时。这样,五里客栈就成了来来往往的旅客的一个重要的"中转站"。

从1956年到1976年,客栈每天少的时候住宿有70—80人,多的时候,住宿过100多人,加上来客栈吃一顿饭、休息一会儿后又继续赶路的"过路客",再加上到集镇赶场后来客栈吃饭、住宿的人,一天下来,客栈接待200—300人。客栈还开有骡马店,平均每天都有30—40匹骡马到店里歇脚。

在天井的左边,现在是一栋两层砖混结构的楼房。刘巧月说,这里原来是一间大木板房,可供26人住,加上堂屋左边一间可供19人住的房间,一楼共计可住45人。楼上7个房间全部是供住宿用的,21个铺位可以住42人。每天总共可住87人,有时甚至住过100多人。刘巧月说,那时的人不讲究,而且大多数是搬运工,一天背、挑下来,又辛苦又累,不在意挤不挤,经常挤着挤着也就睡着了。在二楼,有一个很小的房间,两张床一放,中间只剩下一条很窄的过道。刘巧月说,这是客栈里最好的一间房了,是专门为贵客准备的,客人要进房里来,还要穿过外面的通铺。

很长一段时间,楼下、楼上一个铺位的每晚住宿费分别是5分钱、1角钱,一个荤菜1角钱,一个素菜5分钱。现在的堂屋,当年就是一个大餐厅。

2. 王大义客栈

王大义客栈位于五里坪老街中段,老街客栈现存二层木质楼房面阔三间,进深二进,当地村民刘霞荣居住于此。客栈在中华人民共和国成立前是刘保初修的住宅,刘保初有刘映龙、刘映命两子。房屋为刘映龙继承,因刘映龙爱赌博,输到没钱后便卖了一半的房屋给从杨柳坪来的王大义开客栈,另一半则自己住着。

王大义买了半间房屋后便开始在房屋里经营客栈生意,客栈部分为二层木质楼房。一楼住客人,二楼放粮食,屋后设有骡马圈,圈内设木槽喂

王大义客栈旧址

养骡马，经常有 20 多匹骡马在圈内休息。房屋临街，长约 20 米，延伸到现在巷口，进深约 10 米。五里是鹤峰县城南下石门、东出枝江的必经之地，过往客商都在此歇息，客栈生意相当红火。客栈的红火带动了当地的消费，当地老百姓曾骄傲地称："我们的稻草都是值钱的！"中华人民共和国成立后，该客栈由供销合作社经营，称为五里客栈。王大义生育有 13 个子女，但只养活了较小的 3 个孩子。初办合作社时，王大义妻子陈银香便与刘巧月、朱朝策等人加入公私合营的供销合作社。后由于种种原因从合作社退股，骡马店由合作社继续经营。后又因这里修公路，生意受到影响，于是停止经营。

（四）学堂

五里原有龙珠寺，清末民初，五里的乡贤及文人志士在龙珠寺设义学。土地革命战争时期，当地的苏维埃政府在龙珠寺设苏维埃小学，从此庙宇不复存在，学堂至今。

三、民间歌谣

五里民间歌谣里有红色歌谣、劳动歌谣、山歌、小调、情歌和仪式歌谣等多种类型。

（一）红色歌谣

红色歌谣在五里民间歌谣中占有很大比重，它折射出土地革命战争时期，五里苏区人民投身革命，参加红军，不畏艰险，不怕牺牲，勇往直前的大无畏精神。比如当时苏区慰问队队长、苏维埃妇女协会副主席胡腊姐领导姐妹们唱的《苏区十二月》和三路口何桂香唱的《送郎当红军》。

1931 年 7 月 1 日，五里苏区在龙珠寺举办建党十周年庆祝会。演文明戏之前先进行赛歌，紫荆、青山、杨柳、三路口、蚂蝗坡等地都选派高手登台参赛，紫荆的胡腊姐与蚂蝗坡的邓芙蓉作为两个女儿队队长率先登台对唱，胡腊姐嗓音高、记性好，连唱三四首，博得台下连声叫好。三路口的何桂香演唱《送郎当红军》，歌词从"正月是新春"一直唱到"腊月梅花开"，胜过胡腊姐，胡腊姐也不甘落后，再以一首赞颂贺龙等红军将领的歌谣《苏区十二月》夺得桂冠，观看者有上千人。赛歌活动结束后，湘鄂边特委负责人为把根据地的歌咏活动进一步推向高潮，给五里的欧冬英和胡腊姐、蚂蝗坡的邓芙蓉、三路口的何桂香等8名歌手各奖励一册油印歌本。

《苏区十二月》

正月里来喜洋洋，桑植有个贺军长。

带兵打仗真英勇，豪绅都怕贺军长。

二月里来百花开，农民协会挂大牌。

兴上兴下兴起来，主任拢达十字街①。

三月里来是清明，鹤峰主席易发琛。

枪又多来人又盛，专打土豪和劣绅。

四月里来是立夏，农民协会把旗插。

主任命令又来达，抢犯强盗一起杀。

五月里来是端阳，鹤峰有个王师长②。

带领大兵打宜昌，打了宜昌打沔阳。

六月里来热茫茫，朱匪陆匪上新塘。

把子新塘是寨子，到达新塘爬河坎。

七月里来是月半，带兵将领贺炳南③。

打了湖北打湖南，打净天下得一半。

八月里来是中秋，军长带兵打澧州。

打开澧州打宜都，缴获枪炮无法数。

---

① 十字街，位于鹤峰县城。
② 王炳南，红四军师长。
③ 贺炳南，红四军第三游击纵队司令。

九月里来秋风寒,鹤峰有个王殿安①。

军长看他有才华,封他当个司令官。

十月里来小阳春,鹤峰有个邱本仁②。

他与穷人一条心,领导我们闹翻身。

冬月里来雪花飘,军长驻后石灰窖。

人民军队爱人民,军民关系格外好。

腊月里来一年完,鹤峰有个龙在前③。

他在县里当主席,又打仗来又耕田。

《送郎当红军》

正月是新春,送郎当红军。

贺龙就是领头人,领导穷人闹翻身。

二月农活忙,红军兵力强。

跟着救星共产党,革命向前方。

三月是清明,红军打敌人。

来无踪去无影,就像那神兵。

四月是立夏,红军本事大。

紧握钢枪把敌杀,威名震天下。

五月是端阳,走马摆战场。

活捉川军甘师长,跪地像筛糠。

六月三伏天,鹤峰城里边,

牵起口袋等敌钻,打死王文轩④。

七月稻谷黄,红军走得忙。

---

① 王殿安,恩宣鹤边防司令部副司令。
② 邱本仁,鹤峰县游击大队政委。
③ 龙在前,湘鄂边联县苏维埃政府代理主席。
④ 王文轩,湘鄂西民团联防总指挥。

一路都在打胜仗，穷人喜洋洋。

八月是中秋，红缨握在手。

红军日夜都在走，作战没对手。

九月是重阳，许多耕地郎，

一心跟着贺军长，争把红军当。

十月小阳春，望郎当红军。

望郎一心干革命，莫负妹的心。

冬月飘雪花，劝郎莫想家。

莫把小妹来牵挂，多把敌人杀。

腊月梅花开，红军人人爱。

哥哥红花胸前戴，小妹也光彩。

（二）劳动歌谣

劳动歌谣产生在劳动过程中，包括了各种劳动，有描写劳动情景的，有叙说劳动过程的，有激发劳动热情的，有协调劳动动作的，有缓解劳动疲劳的。

劳动歌谣根据歌词的内容划分有山歌、小调，还有薅草锣鼓。薅草锣鼓不同于山歌和小调，因为它本身就是一种伴随群体劳动而表演的民间艺术，是五里极有特色的一种劳动歌谣。

薅草锣鼓是有锣鼓伴奏的劳动歌谣，它既是劳动歌谣，又是民间说唱曲艺。之所以说它是劳动歌谣，是因为它总是伴随劳动而出现，是专在田间地头演唱的歌谣，歌词多是催工和调动劳动激情的内容。之所以说它是民间说唱曲艺，是因为它有锣鼓等打击乐伴奏，歌师可在这种伴奏中将一部长篇故事从头至尾地说唱。如果把这里的薅草锣鼓归纳到民间歌谣中，它是劳动歌谣，如果归纳到民间曲艺中，它就叫讲书锣鼓。

五里的薅草锣鼓和走马、铁炉一带的薅草锣鼓基本相同，锣鼓演奏的曲牌多为鹤峰围鼓中的曲牌，如"八哥洗澡""河鹰展翅""双龙出洞"等，打击乐器有鼓、锣、钹、钩锣。

薅草锣鼓只有在大合班的群体劳动现场才会出现，而且多在田间除草的劳动中出现。田间除草的季节性很强，一家一户忙不过来，就"转工"，邀大家来帮忙，为调动大家的积极性，也为消除劳动疲劳，于是就有了薅草锣鼓。一位歌师、四位打击乐手，站在锄草队伍前，边敲锣打鼓，边唱歌，表情滑稽、动作矫健、节奏铿锵，带领得劳动队伍情绪激昂、劳动劲头十足。

歌师唱开场腔调：

> 五更金鸡闹喧喧，
> 银河滚滚雾漫漫。
> 闹喧喧，雾漫漫，
> 红日东升普照天，
> 照进龙门紧三关。
> 手执金锤银钻子，
> 打开桃园门两扇。
> 桃园洞中取歌鼓，
> 手捧孔孟书万卷。
> 扬州歌郎柳州姐，
> 男女活像二神仙。
> 笙箫鼓乐同路走，
> 弹唱歌舞赴歌坛。
> 等到一旦功圆满，
> 香茶白酒送神还。
> 一心归门礼相请，
> 银銮接驾下桑田。
> ……

一般都是锣鼓停、歌师唱，歌师停、锣鼓响。唱完开场，接下来就是歌师根据劳作现场情况即兴发挥，对出色者进行褒扬，对落后者给予鞭策。或是干脆来一些诙谐幽默的段子，调节现场气氛。如果劳作者中也有爱唱的，一唱一接，场面就更加热闹，疲劳在热闹的气氛中不知不觉消失。会讲故事的歌师还会把劳作者当听众，讲一些古往今来的传说和故事，如《白蛇传》《七仙女》《梁山伯祝英台》《桃园三结义》等，又讲又唱，一讲就是大半天。

然而，这种以薅草锣鼓伴随劳动的场面，在现在的五里已经很少见到了，以生产队为核算单位的大集体早已取消，过去的那种"转工"亦很少见，尤其是有了除草剂，农田除草已不再是紧要劳动。所以，薅草锣鼓这一极具特色的民间文艺活动已基本成为历史。

（三）山歌

山歌也可说成田歌，在劳动歌谣中所占比重很大，因为它本身就是伴随劳动喊出来的歌。五里山歌高亢优雅，原始古朴，极具特色，起源于狩猎采集的劳作时代。因此，也可以说是这里的高山峡谷、叠嶂峰峦造就了这种独具特色的歌谣，在人烟稀少、交通不便的年代，大山中的人隔山相望而不能相及，唯有喊歌是联络感情、沟通信息的最好办法。尤其是这里的高腔山歌，高亢激越、粗犷悠长，给人以"尖"而明亮、"高"而浑厚的美感，有一种回荡山谷、余音绕梁的独特魅力。下面列举几首：

《打把薅锄毛虎虎》
打把薅锄毛虎虎，
送给姐儿薅包谷①。
丁字步儿站得稳，
一把一锄薅得深。
只看姐儿乖得很。

《郎唱山歌姐来听》
乖姐薅草闷沉沉，

---
① 包谷，方言，即玉米。

郎唱山歌姐来听。

山歌是不值钱宝,

能解忧愁能解闷。

山歌打动姐的心。

（四）小调

五里民间还有很多有故事情节的叙事歌谣,被称为小调。从歌词的内容上划分,描述生活方面的就是生活小调,因为这种歌谣的歌词以叙事为线条,所以篇幅一般都比较长。小调的音乐不像山歌那么高亢,而是那种极为抒情的腔调。生活小调所描述的故事多为民间的悲欢离合,加上它那极为抒情的腔调,听起来十分感人,可以让人撕心裂肺、声泪俱下。民间流传的生活小调很多,如《闹五更》《教女歌》《十劝郎》《十劝姐》《十梦》《十解》《十绣》《江湖客卖货》《卖包面》《姣姣看娘歌》等。

（五）情歌

情歌本应是生活歌谣的范畴,但因为五里民间流传的情歌实在太多,在整个歌谣中显得极为突出,数量多、篇幅长,且精彩纷呈,所以这里将其单独作为一类。有这样一首五句子情歌,歌名叫《三个斑鸠飞过冲》:

《三个斑鸠飞过冲》

三个斑鸠飞过冲,

两个母的一个公,

两个母的一架打,

一个公的脸鲜红,

扁毛畜生也争风。

这首歌谣巧妙地说出了一个道理,动物世界,异性相恋,恋情之中难容三者,已成繁衍生息的自然规律,作为高级动物的人,当然也一样。所以,情爱永远是生活中一大的主题。这里还有一种民间的说法，叫"无姐无郎不成歌"，这就是情歌的数量那么突出的原因。

五里民间流传的情歌，主要也是山歌、小调。山歌多是五句子、四句子和串句子，小调则以叙事、抒情见长，篇幅一般都很长。情歌中的小调和生活歌谣中的小调一样，多为叙事形式，篇幅较长。这里流传的小调，篇幅最长的是《灯草开花黄》，长达300多行，共2000多字。民间流传的情歌小调主要有《十姊妹》《十杯酒》《十要》《十送》《十爱》《十月逢妹》《十二月望郎》《小十二时》《姐姐想得苦》《借八样》《板栗开花一条线》《下棋歌》《想姐歌》《探妹歌》《望郎歌》《探郎歌》《五更歌》《送情郎》《相思歌》等。这里的情歌可用"浩如烟海"来形容，下面列举几首：

《五句歌儿做媒人》
隔河望到柳叶青，
郎想过河水又深，
抛个岩头试深浅，
唱个歌儿试姐心，
五句歌儿做媒人。

《这山望到那山高》
这山望到那山高，
有嗒新交忘旧交，
摘到大山甜桃子，
忘记小山苦樱桃。

（六）仪式歌谣

五里民间流传的仪式歌谣是最能反映五里人生活习惯和民俗礼仪的歌谣。这里结婚生子、修屋造宇及丧葬活动，都有一定的仪式流程，而且这些仪式都有相应的歌谣伴随。其歌谣的内容大都是接祥纳福、送恭道喜。而有些仪式却是与现场气氛反其道而行之的,如女子出嫁,本是大喜之事,却要哭得有声有色;如家里有人去世,本是悲伤之事,却又要载歌载舞。当然,人们自有说法:前者是因为要出嫁的女儿忘不了爹娘的养育之恩、哥姐的爱护之情;后者说的是人要乐观对待死亡,希望亡者能高高兴兴离开人世。无论前者后者,所表现的都是这里的人们对待喜悦和悲伤的哲学态度。

四、民间艺术

(一)花鼓灯

花鼓灯,又叫打花棍儿。很早就流行于五里。花鼓舞,是由锣鼓伴奏、乐队伴唱的男女双人舞。男丑角,女旦角。女演员头戴手巾,留一头垂至后背部腰际的长发,身穿罗裙,脚穿绣花鞋,手抖绣花手绢,摇花绢折扇。男演员头戴红帽,身着大袖多布扣开襟镶边上衣,脚穿边耳花布草鞋,手摇描花纸扇,脸谱为彩绘小丑。舞蹈时,随着锣鼓节拍,团扇抖巾,做对耍、靠背、靠膀等动作,伴唱则随着唱词的内容,踏着节拍,轻盈曼舞。舞蹈高潮时,小丑做下矮步、翻跟头等动作。女旦快速抖动手绢,为男角助兴。每逢农历春节,各地花鼓灯班,走村串户,为村民表演节目,以示喜庆和问候。

(二)莲香舞

莲香舞,俗称连响,也有称九节鞭,是一种古老的民间舞蹈。莲香舞传入五里的时间不详,据老一辈人讲,是外地乞丐带进五里的。莲香道具是一根长约四尺的竹竿,在竹竿两端嵌6—8个穿眼铜钱,舞蹈时以杆敲击手、脚、腰、膀、腿等各部位,边跳边击,变换队形,并以道具象征各种生产工具,节拍铿锵,与音乐相伴。

（三）满堂音

满堂音是五里流传极为广泛且历史十分久远的民间曲艺。五里满堂音这一非物质文化遗产是鹤峰独有的原生态文化物种，是恩施州现有民间曲艺中的孤品之一。满堂音又叫琵琶板，因其吹、打、弹、唱同时发音而得名，主要伴奏乐器是自制的土琵琶。最初的满堂音只是皮影戏的伴奏音乐，由于受到地方戏曲和民歌的长期渗透，其逐步演变成了具有五里地方特色的民间曲艺，并成了能从皮影戏中脱离出来的独立民间曲艺形式。

1. 满堂音的历史和发展

据《容美土司史料汇编》所载：清康熙二十九年（1690年），容美土司田舜年上京朝贡回来，路经湖南常德，发现一个唱荆河戏南北路的皮影戏班，觉得其表演十分有趣，便将该戏班请回了容美土司城。该戏班在土司城内献艺数月，极大地影响了土司城里的一些民间艺人。那时在土司城内的田姓和覃姓家族中，一批不受器重的文人开始学唱皮影戏，自娱自乐，自弹自唱，颂扬古代明君先哲和忠孝仁人，并为苦难者悲歌，以抒发自身之恩怨。由此，皮影戏在容美土司城生根开花。在漫长的历史岁月中，皮影戏艺人经常与傩戏、柳子戏艺人合班同台演出，切磋技艺。于是，从外地引进的皮影戏，在当地语言环境的熏陶下，又吸收当地民歌的丰富营养，进而取代了荆河戏南北路，演变发展成了别开生面、独具鹤峰特色的满堂音。它既可以为皮影戏配腔伴奏，又可去掉皮影独立演唱。

清雍正十三年（1735年），土司制度废止，容美土司改为鹤峰州。首任知州毛峻德上任便发布文告，禁演戏，拆戏楼。由此，满堂音皮影戏惨遭重创，几近灭绝。时隔170年后的1905年，家住南渡江马伏云的张氏三兄弟（张启康、张启春、张坤山）将方圆几百里仅存的一位满堂音皮影戏师傅周昌廷接到家中，启科授艺。此后，在周昌廷及张氏三兄弟师徒四人的传承下，南渡江两岸及周边湘鄂边大山里的满堂音皮影戏又开始活跃起来。百余年来，湘鄂边各地的皮影戏班甚多，但能用满堂音配腔伴奏的却只有三个戏班：一是鹤峰县燕子镇燕子坪的张启康戏班，二是鹤峰县燕子镇清湖村的柳安庆戏班，三是湖南省石门县金钗山的万振海戏班。然而,时至二十一世纪初,真正称得上满堂音皮影班的,就只剩五里乡的彭文照戏班了,另外还有七八名分散的艺人。满堂音这一民间曲艺最终留在了五里乡,并在非物质文化遗产抢救活动中得以保护,广为流传,不断发展。

满堂音脱胎于荆河戏南北路的皮影戏,后来慢慢成为一种可去掉皮影戏独立演唱的民间曲艺,这是在长期的演变过程中完成的。南渡江马伏云周昌廷与张氏三兄弟师徒四人的启科授艺,应该说是这一演变过程中重要的里程碑,也是满堂音最终能在五里乡保存、发展并广为流传的重要原因。

满堂音表演

就地理位置而言,位于南渡江的马伏云,虽属燕子镇行政管辖,但离五里乡更近,所以在这里发展并形成的满堂音对五里乡的影响更大。后来,张氏兄弟的传人及后人又多移居五里乡南村一带,这更是满堂音在五里乡落户的主要因素。更重要的是,1980年,当时的六峰公社①创办了一个满堂音半职业剧团,对满堂音的普及、发展、传承起到了推动促进的作用。就满堂音的传承而言,最早的满堂音传人和五里乡的渊源也非同一般,第一代传人是周昌廷,第二代传人是张氏三兄弟,第三代传人则是张氏三兄弟中张启春之子张自海。张自海便是五里乡南村人。

张自海,又名张阳斋(1917—1999年),鹤峰县五里乡南村七组卢家台人,满堂音第三代传人,湖北省恩施土家族苗族自治州曲艺家协会会员。他10岁即随父亲张启春、三伯张启康、幺叔张坤山学唱满堂音,后又从艺于三伯张启康、师祖周昌廷。18岁左右即已成为当地演唱满堂音的有名人物,吹打弹唱样样皆通。他常年在恩施鹤峰和宜昌五峰的湾潭、采花一带以及湖南石门的清官渡等地走

---

① 1975年撤五里区,分为六峰、五里两个公社。

乡串户演唱满堂音,深受群众的喜爱和尊敬。1953年至1956年,在鹤峰县文化馆组织的自负盈亏的满堂音曲艺皮影队担任队长和指导老师,演出了10多个童话与现代曲目,为满堂音的改革做出了有益的尝试。

张自海一生倾注于满堂音艺术事业,为满堂音的传播和发展做出了巨大贡献。他带出了16个徒弟,其徒弟多在南渡江一带的燕子镇、五里乡,而五里乡又以南村一带居多。

彭文照则是五里乡满堂音传人的又一典型代表。彭文照1956年10月出生于五里乡,从小便受到张自海等老一辈满堂音民间艺术家的影响,1978年正式师从张自海,学唱满堂音。当时,与他同时学唱满堂音的还有田秀甫、田新甫、向文轩、陈群英、张春梅等。彭文照因音色好、唱功出众而拔萃。之后,五里乡当地的文化站成立了满堂音民间皮影戏队,彭文照进入皮影戏队成了一名出色的演员。因多种原因,由文化站牵头成立的民间皮影戏队没坚持多久便解散,满堂音在民间的流传再次陷入低谷。

彭文照

彭文照怀着对满堂音皮影戏的一腔热爱,回到家乡,带领曾经一道学唱满堂音的师兄弟师姐妹们坚持练习,把这一民间曲艺艺术传承下来。2008年,彭文照被湖北省文化厅(现湖北省文化和旅游厅)列入第一批省级非物质文化遗产项目代表性传承人。2009年,他又被恩施州人民政府授予"民间艺术大师"的称号。

满堂音在五里乡的民间文化中占有极其重要的分量,2014年,五里乡成功申报为"湖北省民间文化艺术之乡"。

满堂音的发展与传承过程中,当时的六峰公社满堂音半职业剧团和现在五里乡满堂音业余剧团可谓功不可没。六峰公社满堂音半职业剧团创办于1980年7月,当时共有演员14人,其中男演员有6人,女演员有8人,团长为刘耀武。

刘耀武,生于1959年,现为鹤峰县民族文化艺术馆副馆长。他自幼喜爱文艺,从军三年,当的是文艺兵。转业回乡不久,他担任了满堂音半职业剧团的团长。他带领剧团坚持自力更生、以文养文,不要政府投资,全凭自身的演出收入生活,以及发展剧团事业。剧团常年坚持上山下乡巡回演出,克服了经济来源和艺术生产上的种种困难,对满堂音的传播起到了积极的作用。该剧团演出了《三木匠断案》《小姑贤》《二杆子招工》《物归原主》《蔡九赔鸡》《家庭公案》《便宜了谁》《母之过》等一大批优秀剧目,通过演出极大地提高了五里满堂音的影响。1985年,该剧团的节目登上了湖北省电视台。同年,湖北省电视台又到该剧团进行了为期十多天的探访。2010年,刘耀武被恩施州人民政府命名为州级非物质文化遗产项目代表性传承人。

五里乡满堂音业余剧团创建于2007年,创建时得到了乡党委和政府的大力支持。为创办该剧团,乡党委和政府向县里争取了资金8万元,乡财政拿出5万元,用于维修剧场、安装座椅、添置演出设备,为剧团的发展打下了坚实的物质基础。该剧团由乡文化站直接管理,现有演职人员10多名,多为乡镇及周边的居民,团长为任珍兰。

2. 满堂音的主要艺术形式

满堂音又名琵琶板,以主要伴奏乐器土琵琶著称。满堂音,因吹、打、弹、唱同时发音而得名。音乐节奏轻快活泼、富有弹性,旋律舒展流畅,口语性强,乡土风味浓郁。旋律多为四度、五度、八度大跳,很动感。其音乐基本属于五声徵调式的上下句,唱词多为七字句结构。其以生、旦、净、丑四个行当分腔。调式特征和旋律色彩在当地民歌小调中是极为常见的。

3. 满堂音的主要声腔曲牌

满堂音的主要唱腔曲牌有"琵琶板""唢呐板""红纳袄""苦板""叫喊""滚板""哀子""团圆板"等打击乐曲牌和丝弦曲牌。

满堂音的唢呐曲牌还有"大开门""大团圆""官调"等,但这些曲牌不在演唱满堂音曲目中使用,纯系民间婚嫁时常用的唢呐曲牌。

满堂音打击乐曲牌有"三起头""大翻山""小翻山""三阴三阳""火炮"等，均从民间打击乐"围鼓"中截取。

满堂音丝弦曲牌"小开门"系荆河戏北路之喜庆过场音乐，用京胡演奏。

4. 满堂音的演唱形式

满堂音的演出形式素有"三条板凳"之说，即一个演出班子只要三个人就能凑成。三个人的分工是：演员一人，乐队两人。演员一人要根据剧中生、旦、净、丑各个行当的人物角色又说又唱又表演。如果是皮影戏，这个人还得用竹棍操控皮影。演员是这个班子的核心人物，也是功夫了得的人物。乐队分武场和文场，每场一人，武场一人负责打击乐，乐器有小鼓、磕子、土锣、土钹；文场一人负责弹奏土琵琶、吹唢呐和打小锣。在演员功底稍逊的情况下，三个人要根据曲目中人物行当及声腔分工包干演唱。

有皮影的情况下，演唱的艺人在投影幕布后面演唱，观众只能看到幕布上的皮影，听见演员的声音，而看不到演唱的艺人。

在没有皮影的情况下，艺人们可以坐在厅堂里演唱，亦可围着火坑演唱，还可坐在屋檐下演唱。

满堂音的表演不受舞台的限制，不受时空的限制，甚至可以不受剧本的限制，十分灵活自由。它可以将发生在身边的小事、道听途说的奇闻信手拈来，现场发挥，表演得绘声绘色，让人看得如痴如醉。它也能将一部百万字的长篇著作从头到尾进行演唱，一演就是几天几夜，表演者通宵达旦，观看者废寝忘食。

随着时代的进步，满堂音也在不断地发展和创新，它的演唱形式已经不再受"三条板凳"的制约，演唱阵容可大可小，演唱形式也多种多样，不变的是它根植在这片土地上的优美唱腔和形成这些唱腔的音乐元素。

（四）打击乐

打击乐是以鼓、大锣、头钹、二钹和钩锣组成打击乐队。五里流行的打击乐曲有打《四门进》《火炮》《高脚锣》。二十世纪五十年代后，走马围鼓也陆续传入五里，爱好者甚多，每逢节日或红白喜事，都有一班打击乐队前去凑热闹，增添气氛。

（五）吹奏乐

唢呐是民间吹奏乐，民间叫"八仙"。传入五里时间不详。唢呐与长号、短笛相配合组成乐队，分别称大乐、中乐、细乐。红喜事，唢呐上会系一块三尺长的红布，一方面表示喜庆，另一方面用于上坡下岭时擦汗。一串串悠扬、高亢、欢快、热烈的音符从吹奏者的口中，行云流水般地飘向远方……白喜事，唢呐上则会挂白布，吹奏低沉哀婉的乐曲。

常用的唢呐曲牌有"大开门""送恭喜""满堂红""节节高""娘哭女""女哭娘""过岭""铺床调""闹新房""阳雀抱蛋"等60多种。

吹奏唢呐的技艺主要在于换气，嘴里声音不断，用鼻子吐纳气息，用两腮挤压出声音，这样长期以来，唢呐艺人的两腮都较为突出。指法上讲究打花指，运用不当，就会变音。另外，要在高音时换气，否则会变调。唢呐艺人都有其传承，十分尊敬祖师爷，故而在开号吹奏前，会向主家要三碟菜、三杯酒放在大桌子上，不要碗筷，吹一支曲子，点一下菜，倒掉一杯酒，就这样，直到吹完三支曲子，敬祖师爷方告完毕。这三支曲子分别为《大开门》《满堂红》《节节高》。各支队伍传教不同，指法也不尽相同。唢呐艺人还要铭记一些禁忌，如新娘家发亲后，不能面对新娘家堂屋吹奏等。

以前，只有婚嫁、添子、老人辞世等红白喜事才请唢呐艺人，现在几乎是所有喜事都会吹奏唢呐。

五、代表性人物

欧冬英，五里坪人。1930年参加革命，后被选为九区苏维埃妇女协会主席。她带头放足、剪发，带领宣传队跋山涉水，到五里、三路等地宣传土地革命，发动山村贫苦人民起来打土豪、分田地，建立红色政权。同时鼓动妇女群众投身革命，摆脱封建礼教的束缚。在她的影响和带领下，当地妇女们踊跃参加妇女会和各种支援前线的组织，做鞋、缝洗、护理伤员。欧冬英多次随游击队到湘鄂边界地区打给养，配合红军作战。1931年夏，欧冬英到湘鄂边特委军政干部训练班参加学习。同年7月1日，湘鄂边特委和湘鄂边联县苏维埃政府在五里坪召开建党十周年纪念大会，欧冬英率妇女宣传队在大会上演唱了《妇女歌》《放脚歌》，赢得了观众们的阵阵掌声。1931年10月，红军撤离湘鄂边后，团防武装组织①对当地的群众实行血腥镇压，欧冬英是他们搜捕的主要地方干部之一，她因怀孕不能随部队转移，隐藏在五里坪寸草山岩洞里，后在敌人搜山时被捕。敌人对她进行威胁、利诱，企图迫使她变节，但她坚贞不屈、守口如瓶。临刑时，敌人对她说："你这样年纪轻轻，革什么命，只要你说一声再不当共产党，就保证不杀你。"欧冬英义正词严地回答："要杀就杀，这回不杀我，我还是要当共产党！"敌人恼羞成怒，下令处死欧冬英。欧冬英宁死不屈，英勇就义。

彭嗣韩，又名钦若，原籍湖南永顺。1913年任江西吉水县知事，之后又任北京教育部佥事、注册律师、军部三等法正、县司法承审员等职。军阀混战时期失意还乡。1925年因仇家所逼，携子逃亡到走马坪、白果坪一带谋生，1928年在五里坪再婚定居。他长于文史辞章和说文解字，博闻强记，令人折服。他精通书法，集颜、柳、赵各家之长为自己的风格，临摹者颇多。1943年，鹤峰设立初级中学，彭嗣韩应聘任教。抗日战争时期，难民蜂拥而入鹤峰境内，彭嗣韩走出来，对学生大讲投笔从戎和马革裹尸的故事，慷慨激昂，激发了学生的爱国热情。1945年8月，彭嗣韩当选县参议员。是年，在任县志馆馆长期间，他主编的《鹤峰县抗战史料》，热情讴歌鹤峰人民"父教子，兄教弟，妻勉夫，效死疆场"的爱国精神，抨击弊政，文笔犀利、褒贬分明、记述较翔实，为研究鹤峰抗战史提供了重要资料。1953年，彭嗣韩病故于五里坪。

刘巧月，出生于五里坪。1955年公私合营时，她与丈夫蔡友新带头将私家

---

① 团防武装组织，指旧时地方反动武装组织。

客栈与其他两家合在了一起,成为五里供销合作社的下属客栈。刘巧月出任经理。1957年刘巧月被评为全国劳动模范,1960年2月,她加入中国共产党。1964年3月,恩施专员公署发出《关于学习鹤峰五里客栈的通知》。此后直到二十世纪八十年代初,五里客栈成为全省乃至全国先进,声名大噪,在全国、全省供销、商业、财贸系统产生了广泛影响。经过多年的辛勤付出,刘巧月获得了全国三八红旗手、全国供销系统劳动模范、湖北省劳动模范等众多荣誉,在她的带领下,五里客栈也多次受到了全国、全省的表彰。

六、五里全氏粮食行史话

五里全氏粮食行是一个历史悠久的粮食行。历经清乾隆、嘉庆、道光、咸丰、同治、光绪、宣统及民国时期,一直到中华人民共和国成立初期公私合营,历时200多年。一家粮食行能历经200多年而一直存在,颇有传奇故事。

全氏粮食行的诞生,可以追溯到改土归流时,首任知州毛峻德推行宗教信仰教化土民,于是在鹤峰境内广修庙宇。当时的五里坪虽有紫荆关庙、南府张桓侯庙,但距其街中心都有几里甚至十多里路。当地乡民们提出修龙珠寺。地址选在衙门堡麓,即现在的五里小学内。但修庙宇是没有项目款的,经费得靠化缘来筹集。当时,便由全大文、全大勇到施南府各地去化缘募捐。一去几年,终将修庙善款募齐,龙珠寺得以修建,但全大勇却因积劳成疾而客死他乡。全大文亦年老体弱。于是,五里百姓为了感恩全氏兄弟的募化功德之苦,便议定街上的粮食行只准由全家开设。凡到街上交易粮食者,必在全氏粮食行进行,每斗杂粮取钱二文,每挑大米取米一升。全家一代一代如此,经营到光绪年间时已经到了全大文的第六代孙全光清了。此时,乡民们商议兴办紫荆学堂。兴办学堂是好事,是关系到子孙教育的大事。但是,当时办学堂也没有上级来拨付"项目款"。于是,乡民们将筹集经费的目光集中到粮食行,并议定在街上另开一家粮食行,所得利润全部用于紫荆学堂的兴办。并将此决议写成书面请示,上报宜昌府鹤峰直隶厅厅长王惟球。

乡绅们要另开粮食行,不就会与全氏粮行产生竞争吗?于是全光清便找到了王惟球,将全氏粮食行开设情由解释得清清楚楚。王惟球一听,这全氏粮食行还真有点来头,是为报答全氏祖先积善行德的一项善举工程,也是在前宪毛牧备案并发布告示开设的。但乡亲们要求兴办学堂,也是正事,于是他便给全光清做思想工作,说:"粮食行由你家开设可以,但你也应向祖先学习,将赚得的钱拿一部分出来做公益事业呀!"最后,全光清答应每年给紫荆学堂办学经费十二串,于是王惟球便发布告示:

钦加四品衔正任宜昌监督府代理鹤峰直隶厅王　　为

崇晓谕事照得五里坪粮食行由全光清开设经首土禀请另开公成义官行抽取行用作学堂经费仍用全姓为经纪业主各前州批准遵办在案兹据全光清禀称势处两难恳恩作主批示情因五里坪保向系荒僻改土归流无寺观民曾祖全大文大勇始在本市内创修龙珠寺经费不足文募化施南府各县以尸骨埋葬异域文将产业作住庙口食后文年老日食难度公恳前宪毛发示开设大米杂粮行买卖每斗各取用钱二文每挑大米一升开设六代地方怜民募化功德之苦于庙内设立文勇木主牌位因示遭回禄告示被焚于前宪谢经绅首禀开公行复述温宪饬民每年缴稞钱捌串照旧开设杨宪因书院经费不敷实兴百货厘金至徐宪惠专人办理饬民用开提谷米行用一半以作书院用费去岁粮食用钱合计二十余千之谱火食尚有不足现今仁宪荣莅不放擅开每逢一四七场有买谷米者却则不能开恐获咎或照温宪呈缴或遵徐宪同开俾民有所遵从为此哀恩台前赏准作主批示施行等情据此除批卷查此案曾据生员王首乾于谢署州任内控该民无帖私开牙行本于例禁既经从宽断令该民于公成义官行内稞出一半开设分行每年派认稞钱二十四千以作紫荆书院官稞奖赏等因嗣后又于温前州任内该民具禀因无力缴稞自愿将分行收歇复又违示私开经温前州衡情酌断官行分行各认捐书院稞钱十二串等因历经遵办在案本厅不为已甚
□□□得加恩从权□□□□禀情□□□□□□□□□□□□况
紫荆书院□□□□□□□□□□□□□□□□□□□□□

□□□□□□□□□□□□□□即出具彻结□完纳□稍因循致□□□□□□□□□着外合行出示□□□□□□□五里坪居民商贾人等一体知悉嗣后五里坪粮食行准由全光清开设照章每年缴稞钱十二串具限完纳自示之后凡买卖粮食务各公平交易照章取用尚有不逞之徒出头滋闹一经告发定即拘拿到案从严究办决不姑宽各宜凛遵毋违切切特示

右仰通知

光绪二十一年三月初六日

告示

实贴五里坪粮食行

告示影印件

到了民国时期,粮食行仍由全家开办,此时的粮行名为"全广源粮食行",针对该粮食行的合法经工营、照章纳税、买卖公平及保障经营秩序等事宜,鹤峰县知事兼督军公署军法官徐某又发布了一份告示:

鹤峰县知事兼督军公署军法官徐 为

先行给示俾便营业事案查鄂省重订牙税捐章程第十七条之规定凡

领帖牙行领由县署转详

　　财政厅颁告示一道裱糊张挂方准营业如查无布告者照章处罚等因遵奉在卷兹据□□全达海遵章纳捐请领偏僻下则牙帖在谕□□五里坪保开设牌名全广源粮食行并取具族邻及同行甘保各结前来批示照准并据情转详一俟财厅布告暨

　　部帖颁发下县再行发给该行商裱糊张挂藉资信守外合先给示暂准营业为此示仰该行商即便遵照章程开贸对于买卖客户务须按照时价定市勿得任意高抬各客户亦不得故意为难致起争论所有应取行用须照各老行一律抽取不准格外苛索浮收各色人等尤不准肆行阻挠妨害市面毋违切切特示

右仰通知

中华民国十三年九月十三日

告示

实贴全广源粮食行晓谕

告示影印件

这 200 多年的粮食行经营，表现出当地人一种积极向善的精神风貌。只要有人为了公益事业做出贡献，人们就会公议对其进行救助并历经时代的变更而不毁当初的约定。当地人的这种报答方式也得到了当地政府的首肯，为其能在一方合法经营并得到保障，还发告示明确规定：遵照章程开贸，对于买卖客户务须按照时价定市，勿得任意高抬，各客户亦不得故意为难致起争论，所有应取行用须照各老行一律抽取不准格外苛索，浮收各色人等，尤不准肆行阻扰妨害市面。这些措施于当今乃至后世都可借鉴。

蒙古族聚居村
——三家台蒙古族村

　　三家台蒙古族村是湖北省唯一一个蒙古族聚居的村落。据部氏族谱记载：三家台蒙古族是元太祖的后裔，是草原上蒙古族遗落在南方大山中的一颗明珠，是成吉思汗"黄金家族"后裔的一支。2012年，该村入选第一批中国传统村落名录。

一、村落概况

三家台蒙古族村位于鹤峰县中营镇东北部，距鹤峰县城 43 千米，距中营镇政府 29 千米，村域面积 18.8 平方千米，森林覆盖率 87%，平均海拔约 1100 米。截至 2019 年末，全村共 7 个村民小组，共计 288 户 858 人，村民以蒙古族居多，还有部分土家族和少量苗族。其中，蒙古族 668 人，土家族、苗族 190 人。全村有 61 个姓氏，其中部姓有 236 人。

三家台蒙古族村概貌

自容美土司被改土归流以后，鹤峰州地广人稀，清政府号召外地人来此自行开垦耕种，蒙古族的一支部氏便落籍于此，繁衍生息，并逐步发展成为一个近千人的大家族。改革开放后，我党进一步落实民族政策，扶持少数民族地区的发展与建设，鹤峰县人民政府根据三家台蒙古族的实际情况，便逐级申报设立三家台蒙古族村。在各级相关部门的支持下，三家台蒙古族村于 2002 年 12

月 24 日正式设立。

三家台蒙古族村经历了较为复杂的历史演变。1732 年，该村落属容美土司管辖。改土归流后，属乐淑乡（北乡）纯化里管辖。1912 年，属美利乡（驻地中营坪）管辖。1929 年，苏维埃政府成立，属八区（驻地中营坪）中营乡管辖。1934 年，强化保甲制度，属二区（驻地下坪）管辖。1941 年，废联保设乡，为梁家台保，属下坪区中营乡管辖。1949 年 11 月 25 日，鹤峰县人民政府成立之初，行政区划依旧。1950 年，改保为村，属三区（驻地下坪）管辖。1953 年，属七区（驻地中营坪）管辖。1956 年，为团结农业社，属中营区管辖。1958 年，人民公社化，改为团结大队，属中营公社管辖。1960 年恢复区建制，属中营区中营公社管辖。1975 年，撤区并社，属中营公社中营管理区管辖。1980 年，地名普查时更名为三家台大队。1984 年，撤社建区乡，更名为三家台村，属中营区中营镇管辖。1997 年，撤区建乡，属中营乡中营管理区管辖。2001 年 3 月，撤销中营乡，属北佳乡管辖。2001 年 4 月，北佳乡更名为中营乡。2001 年 6 月，撤销管理区，保留中营管理区，属中营乡中营管理区管辖。2002 年 12 月，更名为三家台蒙古族村。2013 年撤乡建镇，属中营镇管辖至今。

由于这里的蒙古族和汉族、土家族杂居一地，而且共同生活的时间较长，其生产、生活习惯等诸方面与当地土家族、汉族一致，蒙古族原有的游牧特性基本消失，主要经济来源是茶叶、玉米、红薯、土豆、药材，并饲养猪、鸡等，用以自食。

二、三家台蒙古族来源

三家台蒙古族村是湖北省唯一的蒙古族村。这个隐匿在大山深处的部落，与外界隔绝，近 300 年来不为人知晓。那么，这个叱咤疆场的马背民族缘何到此呢？

这里有个特罕见的姓氏——部。《姓氏考略》注云：南匈奴姓。《后汉书·南匈奴传》有右贤王部抑鞮。

据《部氏族谱》介绍：吾家，铁木真姓也，原籍蒙古，元太祖之后。元顺帝时，信州镇南王之子，被陈友谅兵败，大圣奴不知所终，公之先远祖有讳幹难，兀者因居幹难河之源，因以为氏，其以部为姓，则始于公，故奉为一世祖，葬松滋苦竹寺，今称部家大坟者是也……

镇南王何许人也？《新元史》载：镇南王，元诸王封号，世祖九子脱欢始封。最后一位镇南王是大圣奴袭封，至正十九年（1359年），与枢秘官席闰守信州（今江西上饶），陈友谅使其将来攻，城陷死之。大圣奴一小儿被义仆陈美所收留，藏在观音菩萨的龛座下，得以幸存。后随其长大成人，改氏称部，意为祖先曾是蒙古高原上骁勇善战的部落。又因得观音菩萨庇护而脱生，故取谐音"官荫"为名，部官荫便是部姓的始祖。他还给后代留下相见的密语："忽必烈，波尔济济特"。

其后，部氏一族逃至松滋，至第三世。第四世有一支迁往湖南澧州（今湖南澧县），在澧州勤耕苦读，颇有成就。但因明朝对元朝帝王后裔严加防范，故部氏子孙仕途受阻。至清朝，部氏子孙方可言明其为"本宗蒙古""班联宗室，派衍亲王"，于是修宗族之谱，建部氏祖祠。澧州部生芹，庚午武举，官江南兴武卫守备，加都司衔。清乾隆二十一年（1756年），部氏第十一世部锡侯迁至湖北鹤峰，居三家台，繁衍生息。

鹤峰部氏宗族族长部先瑞认为：部氏后裔应有匈奴部落血统。

部先瑞的揣测得到了内蒙古自治区民族事务委员会的认证。在考证部先瑞珍藏的《部氏族谱》后，内蒙古自治区民族事务委员会认为，流落在鹤峰的部氏家族，是600多年前因战争进入中原后失散的成吉思汗后裔。其世系初步考证为：成吉思汗—拖雷—忽必

部氏族谱

烈—镇南王脱欢—镇南王脱不花—孛罗不花—大圣奴—部姓族人。

(资料来源：刘胜萍《湖北第一个蒙古族部落是成吉思汗后裔》，略有改动。)

三、文化遗址

三家台村遗留有大量的文物古迹，具有较高的历史价值，如具有传统风貌特征的井泉沟壑、堤坝涵洞、码头驳岸、碑碣石刻等，以及传统产业遗存，还有建造的用于生产、消防、防盗、防御的特殊设施等各种历史印记。

石鼓与石狮子[①]

"诏书"原文如下：

奉天承运

皇帝制曰 任使需称职 志在

□□美□□奏效报功膺锡类之仁尔 部溥乃湖北汉阳府汉阳县训导部生崧之父雅向养□长迎善气弓冶克勤于庭训箕裘丕裕□家声兹以覃恩驰赠尔为修职佐郎□□敕命于戏肇显扬之盛事国典非私酬燕翼之深情臣心弥励

制曰 奉职无怼懋著勤劳之绩致身有自□酬鞠育之恩尔毛氏乃湖北汉阳府汉阳县训导部生崧之母淑范宜家令仪昌复早相夫而教子俾移

---

① 石鼓与石狮子的年代为清乾隆二十一年（1756年），属于衙门物件。

孝以作忠兹以覃恩驰封尔为八品太孺人于戏贲象服之端严诞膺巨典锡龙章之涣汗用表荣施

湖北汉阳县

嘉庆贰拾肆年正月初一

训导部生崧

诏书

此外，村中现有大关门石窟玉皇庙遗址，玉皇庙的摩崖对联写着：神坐石头殿，永保黎民安。村中部氏祠堂房屋已毁，仅有遗址而已。

大关门石窟玉皇庙遗址

部氏祠堂遗址

部锡侯，元朝铁木真家族直系后裔，据部氏族谱记载，属于成吉思汗的"黄金家族"。部锡侯于明末清初从澧州（今澧县）辗转至清水湄（今清湖村），改土归流后来到北佳坪（今三家台蒙古族村池塘坪）定居，为三家台部氏家族祖先。

部生崧，字曙轩，任汉阳县训导，生于乾隆二十四年（1759年）正月二十四，卒于道光九年（1829年）十月初六。

部生崧墓碑碑文由碑正中文、碑右文、碑左文三部分组成，分别如下：

皇清敕授修职郎原任汉阳县训导曙轩部府君墓

公　生崧　字钟岳　号曙轩　幼醇谨资懂中□而刻励　于学同宾辈偭□□　冠　州试首荐列弟子员即食饩壮贡成均课读　拍家选授汉阳县训导　嘉庆二十四年

覃恩

封翁耀溪公

封母毛氏太孺人仰邀

驰赠　上宪以　公端品勤职将登卓藩而　公以亲老辞解□□遂不复出平居以耕读课严□□□皆温语相接病未革力疾书遗嘱并疏子侄习气之偏使各知改悔　诗曰君子有穀诒孙子□□□□

公生于乾隆己卯年正月二十日子时卒于道光己丑年十月初六日寅时葬于池塘坪子四长□□□媳□□次职员为灿媳黄氏次为烜媳孟氏季为炆媳□氏孙上堵上圻上尧上筠上墀上坦孙女五女二□□□□国矜次適田纯全胞侄职员为焯媳彭氏监生为点媳刘氏生员为煐媳王氏生员为鉴为廉媳刘氏生员为□媳朱氏为炘媳黄氏为党媳郝氏堂侄为烈媳余氏为熊媳袁氏为昊媳易氏为昱媳彭氏为炬□氏为□□为焜黄氏生员为熠龚氏为光为熙

特授孝感县教谕寅愚弟张兆□顿首拜撰并真诰□□□

道光十年岁次庚寅十二月初八

部锡侯墓碑　　　　部生崧墓碑

四、乡风民俗

三家台蒙古族村的生产习俗与土家族、苗族一致,生活习俗基本土家化,岁时节令基本汉化,村民讲究英雄豪气,尊奉成吉思汗,信奉狼、鹰等图腾。村中有《部氏族规》十二章:

《部氏族规》

笃恩谊

圣王治天下自亲亲始一本至九族皆骨肉之亲也。可泛亲乎,或在一室,或为分门,宜相亲相爱,用意敦笃,毋使恩谊衰薄。

正伦理

一家虽亲,然有恩以相维,亦有礼相接,须整齐严肃,使尊卑上下秩然不乱。如父坐子立,兄先弟后,夫外妇内之类如此,则伦理正而家道振矣。

睦宗族

凡我族姓同属一本,在今日虽有亲疏,自祖宗视之则皆一体。乃因睚眦微嫌遂至隔膜相视,甚且积怨深仇,累官纠讼一时之隙延及数世,又或弱肉强食倚势相轧，孰非先考先妣毛裹之遗，乃至同室操戈，骨残本根，九原有灵能勿愀，然伤乎睦之一字安可不讲。

恤孤寡

天伦之乐人孰不愿，不幸孤寡穷于天而厄于命，一种苦况，何处申诉？昔文王施仁必先四民，名曰无告之谓也。在我同族安得不加意怜恤乎？与之有怨可以释，彼若有难为之解。诗云：哿也富人哀此茕独者此耳。

赈贫穷

贫富固难一致，有无亦宜相通。昔范文正参加政事常均其俸赐予族人，并置义田以赈饥寒及嫁娶丧葬不能给者，曰祖宗积德百余年而发于吾一人，若独享富贵而不及宗族，何以见祖宗于地下，今日何颜入家庙乎？我族亦当体此意，凡于穷乏难支大事难完者，须随之厚薄以为赈恤。

修祠宇

古者君子将营宫室宗庙为先，自天子以至庶士皆有庙，庶人有寝所，以妥先灵而崇照报也。祖宗凭依之地，子孙对越之所，根本于此培枝叶于此，沃讵不重，兴欤废则重新，坏则修葺，黝垩洒扫，岁时不懈，勿使飘摇倾颓，致鬼之怨恫也可。

置祭田

崇祀所以教孝备物，乃可将敬，无田不祭古人所戒。废则祀亦空，存故田与祀相表里者也，须次第创置，以瞻其用以承其繁庶田与祠俱久矣。

培坟墓

祠宇固神灵所栖。坟墓乃骨肉所存。祖孙一体命脉相关，枝叶在外，根本在土，培之则荣，拔之则枯。欲我身发达，敢不重祖宗邱墓乎！须时其祭祀，茂其松楸，修墙垣筑了一莹垄补缺陷，开障蔽禁冢毋敢谋葬，须多方培植，不必牛眠吉地，自尔风水维贞祖宗安，子孙未有不昌者也。

重宗祧

世代相传，禋祀为重，有艰于嗣息者须继续依序立爱立之条，自本房始由亲及疏不出族间，一脉相承祧自是正理，不许他姓混入，为之立嗣，无听亲支吞夺田产，逼嫁孀妇，斩其禋祀。

明家法

古者月吉悬书于象魏之门，使万民观教象。故人皆知法畏法，而不敢犯，然国本于家，家法即国法也。故必申明国法以为家法。自纲常名教之大，以及衣冠言词之细皆谨饬其规条，以相示使一体遵奉。违者有罚，则一部家训居然三尺之严，半亩祖宫无异，九圆之重，凡我族姓与其犯国法而亏体辱亲何如守家法而保全家也耶。

黜不肖

造物生人不齐，世类贤否不一，族有不才，自宜教正，至若凶残阴险狡诈，专犯名义而不顾，屡触法纲而不畏此，又教不能善不肖之尤者，恐以寇贼之党贻宗族之羞，且与同祠共谱上辱祖宗。下玷儿孙宜逊之外方不许入祠，后世子孙其率德改行也可。

平争讼

雀角鼠牙非家庭美事，释忿解忿乃族人公道。尚一姓之子匍匐公廷有何体面？同本之人忍让些须不算痴呆，一经刀笔之手，同胞竟作仇人，若有钱神助力骨肉陷于囹系，忍心而听终讼何颜以对，祖先堂堂，户族平乎不平，后世子孙勿忽斯语。

五、文学艺术

村中流传着"神仙茶园"的故事，内容大致如下：

神仙茶园的茶叶，不仅香浓醇绵、韵味悠长，且具有医治一些疑难杂症的奇妙作用。传说某天，一贫病交加的乞丐，半夜行走至此，精疲力竭，晕倒在一棵茶树下，奄奄一息，却有茶树叶片上的露珠不时滴入其口中。鸡鸣头遍，他有了感知；鸡鸣三遍，呼吸顺畅；天晓之时，神智完全苏醒；到了卯时，他竟爽然起身，精神饱满，体力充足，如同常人一般。他惊奇地望着这棵救命茶树感慨万千，跪地发誓："神树啊，我一定要报答你。"乞丐百年后转世为茶圣陆羽，念念不忘救他性命的那棵茶树，在他茶技的巅峰时期，他带领其门生和茶商到此拜祭，将救他性命的那棵茶树封为神仙树，把这片茶园封为神仙茶园，并为此地茶农传授种茶、制茶的技艺。根据陆羽的奏疏，朝廷将这片茶园的茶叶以高价收购，并拨专款加以扶持。鹤峰茶因有茶圣陆羽命名的"神仙茶园"而享誉世界，外商不远千里来鹤峰建茶庄，鹤峰本地商人也因此加入"茶马古道"的浩荡物流之中。

村中传唱着一些歌谣，如《壮丁歌》和《学艺歌》。其中，劳动歌谣中的小调多为叙事性和论说性的，较之山歌篇幅要长得多。

此外，村中还流行着部生榕、部生崧、部生耘等人的诗文，颇具代表性。

部生榕诗选一首：

《郡城逢新授北佳坪别驾萧梅庵问鹤峰景象诗以答之》

宦游来鹤峰，人言如谪戍。

鹤峰万山里，别驾当北路。

忆我总角时，兹路未停履。

官廨虽幽僻，尚有米盐铺。

转瞬三十载，惟余别驾署。

变迁匪自今，请为君言故。

此邦初隶版，编氓多流寓。

烧畲垦硗确，包谷遍艺树。

壤藉腐化滋，民庆丰年屡。

坡陀经雨洗，岁久山骨露。

地广尽不毛，屣弃无回顾。

旧时井灶场，今日荆榛布。

户口十二三，蕨薇供朝暮。
　　州堂可罗雀，别驾若悬瓠。
　　夜停衔山月，晓看鬶溪雾。
　　廨旁有崇岗，是我先祖墓。
　　寒食浇麦饭，我来岁一度。
　　轩阶如许立，芒鞋当少驻。
　　古人林泉兴，多为圭组误。
　　君去抚鸣琴，定得静中趣。
　　莫厌入山深，此是吏隐处。

部生崧诗选一首：

《辛未岁刘邑侯编审户口作长句上之》
　　柘溪归来隶版籍，坡陀延袤里八百。
　　编氓多从鼎澧来，依厂结茅此与宅。
　　是时老林初烧垦，草木腐化即粪泽。
　　春日锄翻烟云从，包谷播处行历历。
　　蕉实旁挺大逾把，笋箨密封长盈尺。
　　丝如贯珠粒在房，熟验垂绥白转黑。
　　实坚炊饭饱充肠，一夫耕足八口食。
　　鸡鸣狗吠山谷应，往来行旅羡乐国。
　　数十年来雨潦洗，硗确空余凿凿石。
　　间有土山多不毛，和粪播种终嫌瘠。
　　流寓纷纷复他徙，贫者难迁腕徒扼。
　　可怜荒舍破釜中，常杂蕨薇供朝夕。
　　可怜鹑衣鹄面人，常弃耒耜应徭役。
　　我闻民生勤不匮，柘溪勤亦生理窄。
　　力农既苦壤无膏，逐末偏值地太僻。

赤肩负茶复荷盐，辛苦佣保濡余沥。
丰岁难赡俯仰资，若逢荒欠更逼仄。
召父杜母今何人，殷勤编审户口册。
请问此州男女数，较量盈绌何如昔。

部生耘诗选一首：

《望乡台》

蜀山趋入彝陵止，鹤峰山附蜀山尾。
势如江流欲出峡，盘折奔腾逞奇诡。
就中望乡台最高，巍巍峨峨入青霄。
斗州广袤八百里，挺拔居然群山豪。
此山正当我门牖，终日瞻眺卯至酉。
今来蹑足峰顶上，始见群山下界走。
林风飕飕振长空，呼吸之间通苍穹。
极目天低鸟没处，中隔云烟千万重。
峭壁老树欹不折，怪禽飞出虎豹穴。
暗泉浙沥晴如雨，阴岩犹留太古雪。
我行至止方清晨，我室人语犹可闻。
独立苍茫百端集，嗟尔东西南北人。

六、代表性家族与人物

村中姓氏与家族较多，但人数最多、最有影响力的就是部氏家族。据考证，三家台蒙古族村部氏家族是成吉思汗的后裔。元末明初，朱元璋的农民军四处追打元军，部氏家族的祖先最开始逃到湖北松滋，后来辗转来到湖南澧县盐井镇，清初迁到清水湄（今清湖村），最后来到三家台一带躲藏并定居至今。部氏家族的族谱中列有几位历史人物，在鹤峰来说应属名人之列，列举如下：

部生榕，行伍出身，嘉庆己酉科拔贡，实授当归县训导，兼署公安训导。

生于乾隆二十九年（1764年），卒于道光十七年（1837年），葬于鹤峰县太平镇奇峰关。

部生崧（州人拔贡），字曙轩，任汉阳县训导，生于乾隆二十四年（1759年）正月二十四，卒于道光九年（1829年）十月初六，葬于北佳坪（今三家台蒙古族村池塘坪）。

部生桐，官名炳乾，生于嘉庆七年（1802年）四月十一日，卒于咸丰十年（1860年）五月十八日，编入澧志。少精岐黄，济人甚众，后随兄泮林住镇海卫，后帮督运千总。会丰甲寅粤逆上寇德州适当冲要，官军无敢敌其锋者。公练勇数千以御之，贼闻绕境而去，城乡赖以保全，绅民感戴制朱红金字万民伞相送。逮公去德之日，黎民焚香遮道，声泪俱下。至今人颂其德，独不忘云。

部生枏，字令德，号寿岂增生。生于乾隆五十二年（1787年）八月二十日，卒于同治二年（1863年）十二月十九日。有文名，善书法，尤工篆草，官桥覆圮，公承先志领修，越三年而桥成，复于桥西建碑亭一座，高数丈，更勒新碑以志重修之美，碑亭柱篆字对联云：驷马跃天衢过客岂无题柱志，垂虹分澧浦同人共有济川心。

部生榆，字非白，号官桥。生于乾隆五十三年（1788年）九月初五，卒于同治五年（1866年）十二月十一日。郡庠生，排难解纷，通权达变。

部生荣，字以仁，一定咸五，号兰圃，太学生，生于乾隆二十八年（1763年）十月初三，卒于道光元年（1821年）。督修清泥潭太乙桥，土人命石工刻肖像祀之，为澧阳书院首事，开陈荣实典当，自名共堂曰强恕五十。荣诞戚友送有寿序载谱首。

部泮，字圣堂，太学生。生于雍正十一年（1733年）九月初八，卒于嘉庆九年（1804年）六月初一。州牧吉钟颖编修鹤峰志列入义行传，以子生榕列增修职郎。

部溥，生卒年不详。嘉庆帝因其子任武昌府汉阳县训导而"貤赠尔为修职佐郎"。其妻毛氏因"相夫而教子俾移孝以作忠兹以覃恩貤封尔为八品太孺人"。

部光斗，生于1889年，卒于1971年，字文玉，蒙古族，行医62年，当地人称为"部神仙"。部光斗幼时便立志学医。成年后,他遍访名师,收集验方,学灸法、推拿等,行医乡里,尤其是他创造的"五虎下西川"综合疗法,治疗麻风、梅毒均取得明显效果。1957年,部光斗被评为模范,出席了湖北省防治疾病先进工作者代表大会。部光斗博览医典,广采验方,结合临床经验,整理医案,推陈出新,并且著书。他还课徒授业,言传身教,为治疗家乡人民病痛和探索地方沉疴痼疾的防治而呕心沥血,奋斗终身。

优良家风典范
——岩门村

岩门村隶属于鹤峰县下坪乡，因该村与红鹳村交界的地方有一块石壁，石壁前有一石柱，石壁与石柱中间形成一处自然生成的石门，行人可从中间通过，据说后来发生变故，一块石头封住了这个如门的夹口，人们便改道从门前通过，但仍称为岩门村。2017年，该村被国家民委评为中国少数民族特色村寨。

一、村落概况

岩门村位于鹤峰县东北部,距下坪乡政府驻地3千米,距鹤峰县城31千米。该村地处山地,土地坡度较大,生态环境优美,森林资源丰富,海拔为850—1850米。全村面积为13平方千米,其中耕地面积为630亩,林地面积为10.2平方千米。截至2019年末,该村下辖4个村民小组,共193户674人,生活着土家族、苗族、汉族等多个民族。村中土地以前均为水田,因产量偏低,后改种玉米或茶树,现绝大部分土地栽种茶树,以采茶、加工茶产品为主业。

岩门村概貌

容美土司时期,此地属椒山玛瑙长官司管辖。清雍正年间改土归流后,归鹤峰州乐淑乡纯化里管辖。1912—1927年,属忠爱乡管辖。1929年成立鹤峰县苏维埃政府,为五区下坪乡苏维埃政府管辖。1934年,国民党加强对鹤峰县的管辖并强化保甲制度,全区划为六区,岩门保属三区设王家山管辖。1949年11月25日,鹤峰县人民政府成立之初,行政区划如旧。1953年属三区岩门乡岩门大队,1963年属下坪区下坪公社岩门大队,1975年属下坪公社下坪管理区岩门大队,1985年属下坪区下坪镇岩门村,1999年属下坪乡下坪管理区岩门村,

2005年至今属下坪乡岩门村。

二、周家院子

村中传统的特色民居有周家院子、贺家吊脚楼等。其中,周家院子现存的房屋除了一栋是清光绪年间修建的,其他都是二十世纪四五十年代以后修建,主要是由木匠师傅周青松所建。周家院子,原名周家茶园。清中叶,周氏祖先在此修建第一栋木房,除嫁出的女儿外,其他子孙都在老宅周围建房,便形成了家族院落。院内屋舍俨然、阡陌交通、鸡犬相闻、花团锦簇、绿树成荫。家族祖训虽然代代相守但也与时俱进,家国情怀、友善和睦、勤俭忠厚等传统美德始终未变,蔚然成风。院内邻里互通有无、相守相助,每逢节庆喜事,院内人家齐聚一堂,或轮流做东吃着"转转饭",或每家各出一道菜,共办一桌席,其乐融融,数日方休。周家院子在2019年被评为湖北省家风家教实践基地,院内周安秀家庭荣获2020年全国"最美家庭"的称号。

周家院子

三、生产生活习俗

（一）生产习俗

远古至明末，岩门村以山地农耕和渔猎为主，明清时期有刀耕火种，易地生荒到连种或撂荒三五年轮荒锄种。俗话说："火烧一面坡，乱撒几斗谷，任它去野长，秋后就去收。"这里种植粟米、高粱等作物，后来也种水稻、玉米、土豆、茶、红薯等。民国年间，熟制改为一年两熟。中华人民共和国成立后，旱地以一年两熟为主（土豆、玉米各一季）。施肥，初期以烧火粪为主，后有沤青粪。

（二）生活习俗

服饰方面，土司时期，以自纺自织自用的土家布为主。清中后期，土家族服饰从男女同一款式到男女有别，逐渐与汉族服装融合，男子上衣为满襟衣。女子上衣叫"银钩"，有衣领。男子着对襟衣和宽大裤子。女子以穿右襟大袖上衣和八幅罗裙、百褶裙、筒裙、镶边筒裤为主。现在服饰则随潮流而变。

饮食方面，以大米、玉米、土豆、红薯为主食，菜食主要是合渣。

（三）人生礼仪

1. 诞生礼仪

妊娠称为害喜，生产后称为坐月，生产后要报喜、洗三[①]、整祝米酒[②]。

2. 成人礼仪

冠礼，旧时，男子满16周岁，土家族人行加冠礼仪。

[①] 洗三，即婴儿出生后第三日要举行沐浴仪式，会集亲友为婴儿祝吉。
[②] 整祝米酒，即婴儿出生后，婴儿的父亲须携带礼品去接婴儿的外公、外婆等亲友前来赴宴。

3. 笄礼

旧时,当地女子满15周岁,举行成人礼仪。如女子满15周岁且待字闺中,则绾发插戴金银或玉质发簪,称为及笄。

4. 升寿匾

在祝寿筵席的当天升寿匾。当地旧俗,50岁以上为祝寿,60岁以上可升寿匾。

5. 婚姻礼仪

类型——恋爱,唱情歌、媒妁、父母包办、订娃娃亲等;订婚程序——放话、换贴、看廊场、朝年、求喜、报期、过礼;出嫁——打嫁奁、制嫁衣、制银饰、哭嫁、陪十姊妹、拜别告祖;婚礼——送亲、迎娶、陪十弟兄、迎娶告祖、接亲、圆亲、婚宴、陪上亲①、复筛茶②、早茶、送客、回门。

6. 寿仪

1) 庆寿

以六十大寿为重,亲友送寿面、糖、酒,女婿送衣料、鞋袜。

2) 寿堂

隆重者,寿堂设在堂屋,打镶桌,设香案,摆寿桃,挂松鹤类中堂画,或中堂张贴大红"寿"字及百寿图,门户及堂屋两侧贴大红寿联。

3) 仪式

讲究者,请知客师礼待客人,并担任司仪。仪式较简单,寿宴开席前,请寿星在堂屋正中上首就座,按长幼次序,唤子孙至寿星前叩头拜寿。振毕,架席开筵。堂前叩拜寿星,仅限于寿星的直系子孙,拜者,得寿星馈赠,称为"打发"。

4) 礼节

祝寿,少繁文缛节。客人进门,站堂前,作揖呼"给寿星拜寿啦!"并说"寿比南山,福如东海"之类的祝词。

5) 寿礼

亲友送"对子面"(亦称寿面)、糖、酒,意寓长寿、甜蜜、洪福长久。女

---

① 上亲,即直系亲属。
② 筛茶,即斟茶。

婿送衣料、鞋袜，意为有穿有婿。土家族人会送寿匾，过去的寿匾为优质木板长五尺，宽三尺，上书"寿颂南山""喜享遐龄""丹辉玉燕""慈竹长春"等楷书大字。题款为"贺××寿星××岁寿诞"；落款为"××人于×年×月×日敬贺"。寿匾上的字均为阳刻，镶有金边，漆工精细，端庄大方。寿匾意在彰显情义厚重及文化品位。升寿匾时仪式隆重，唢呐伴奏，非常热闹。

6）寿宴

筵席多"十碗八扣"，必备酒和面食，称吃寿面，以包面①为敬，手工面次之。开席时，寿星坐上席。席间，向寿星敬酒者，必起身站立为之。

7. 丧仪

送终，报丧，净身（请水、剃头、洗身），穿戴（穿衣、戴帽、系岁线），下榻②，入柩，守灵，孝守，哭丧，出丧（奠酒、传包袱、出殡、上山、下葬）。

（四）禁忌

吃年夜饭禁止用汤泡饭，禁止换碗。别人家吃年饭时不能去叫门、串门。菜里不准放大蒜（谐音为大散）。吃年夜饭时如有人打破了碗或酒杯等器皿，要说"岁岁（碎碎）平安"化解。

正月初一，一家人都要早早地起床。初一至初三不准扫地，初四扫地后，带一碗饭连同全部扫来的垃圾，送到野外较清静的地方倒掉，叫"送年"。不准往屋外泼水，洗脸、洗澡、洗菜及茶水都要用盆装着。不准哭泣、吵架、骂人，特别是每日清晨，连带有"死""病""痛""穷""杀""鬼""不要""没有""睡了"等字音的话都不准说。

男女在举行婚礼时，"四眼人"（孕妇及其丈夫）、"半边人"（丧偶者）须自觉退至两旁，更不能到新房。

猎人、手艺人禁吃狗肉。

---

① 包面，一般指馄饨。
② 下榻，把逝者从床上抬到事先铺好的木板上。

养家畜也很讲究，一般不养双猪独狗（一窝只生两个猪或一只狗）、通脊（脊上无旋）黄牯鱼、五奶牛。

买卖仔猪和杀年猪也有讲究。忌逢四、六买卖猪和杀猪。

禁止扛锄头、挑空桶和穿蓑衣进屋；禁止将簸箕倒扣在堂屋里；禁止在家打伞；禁止坐在屋檐滴水处；禁止晚在家吹口哨。

男儿头、女儿腰，只许看，不许挠。

严禁任何人跨越火坑，或用脚蹬火坑中的三角撑架；忌讳人们在火塘上烤裤子、袜子等；忌讳人们朝三角撑架吐口水。

严禁小孩在门槛上砍削物件。

客人坐定后，主人要走动，则只准从客人身后走，不宜从客人前面走。如果地方窄，必须从客人前面走时，要说一声"得罪了"。年轻的客人不准在长者面前架二郎腿。客人未得主人的允许，不得进入主人家的卧室，尤其不准进闺房。客人吃完饭后，不能将筷子摆成十字架于碗上，最好将筷子并齐整，放在碗旁边，并说"您慢慢吃"，主人回答"您歇住"。

忌七、九日出远门，忌八日起程归家，俗称"七不出门八不归，逢九出门惹是非"。逢戌日不能动土。正月初一至十五、七月初一至十五，小孩不能剪头发。丧笺不能戴在头上，可捆在腰里，也可捆在果树上。

（五）生产生活用具

岩门村仍然遗存有大量传统的生产生活用具，这从一个侧面反映着岩门村村民曾经的生产生活方式。现在岩门村的水田基本都改为旱地种茶树了，用于水稻脱粒的板斗已基本无用，但村民仍将其与同时被闲置的礳磨等农具堆放在柴屋之中。

瓦坯转桶与转盘是做布瓦的重要工具，瓦匠将转盘中轴固定在瓦棚内，上置一活动转盘，然后将瓦坯

瓦坯转桶

转桶用瓦布罩住,然后将和好的泥巴切片敷在瓦桶上,用木质坯板压住泥片,使之成为圆桶状,然后用竹刀划齐,再提瓦坯转桶至晒场上,然后瓦匠将瓦桶从提柄处分开,重合松动让瓦桶缩小,使之与瓦坯分离,再将瓦桶从瓦坯中取出,做第二桶瓦坯。每一桶瓦坯为四片瓦,瓦桶上有分离装置,待瓦坯晒干后即可分离叠放。

四、族规家训

岩门村在生产生活习俗、人生礼仪、岁时节令等方面与邻近的其他村相似,但在族规家训方面颇有特色。

(一)周氏族规家训

周氏族规家训如下:

  周家茶园以周姓聚族而居,世传谆谆家风,举族团结一心,共谋兴旺发达,兹有族规家训世代传承。

  爱国敬业,友善诚信,遵纪守法,毒赌不浸,正直廉洁,尊卑有礼,勤俭持家,奢侈不能,力戒贪懒,取财有道,保护环境,美化门庭,家庭和睦,互助乡邻,尊老爱幼,严课子孙,持之以恒,代代遵循。

(二)汪氏家训

汪氏家训十六条:

  家训曰子弟之率不谨由于父兄之教不先我族自有明迄今近数百年余生齿亦颇多矣,其间醇谨端方者固多即奸顽巧诈者亦复不少而且人众族繁尊卑几于倒置,伦常近于乖舛爰是督众照丁起派纂修谱志俾巳往之先人见在之子孙屋载于上,使后之兴起者睹谱而识某某之子孩始于某某之先人,为之编序后派依字命名则尊卑有等,长幼有序,犹恐日趋日下伪端百出,亲疏莫辨,更于身心切要之处立身行己之间约举一十六条，令世世子孙一览即知。所有条款开列于下。

训尔孝　　何谓孝敬双亲，忤逆不孝□是人禽兽尚且知跪哺，人生何可不敬亲，杵爷骂娘你作样，尔子日后依样行，我劝儿孙急尽孝，莫等檐前水笑人。

训尔弟　　何谓弟兄当尊，骨肉同气前生定，手足分形同根本，莫因小忿记仇恨，尔敬兄兮弟尊尔，背后子孙跟着行。我劝儿孙尽弟道，莫歌杕杜思同人姓。

训尔忠　　何谓尽忠尽己，自欺欺人从此起，朝臣欺君固不忠，人己一视才是理。你若欺人人欺你，欺欺相传无定止。我劝儿孙当尽忠，曾子三省要身体。

训尔信　　何谓信言不伪。假言假语人必非，久要不忘只因信。鸡黍相约伯与卿，尔若不信人亦诈。相率为伪坏后人。我劝儿孙言要信，平仲于今称久敬。

训尔慈　　何谓慈幼当保？赤子惟知父母靠。兄子己子同一亲，长大成人自有报。尔养小兮他养老，日后他老又有小。我劝儿孙当慈幼，禽兽尚知小当保。

训尔让　　何谓让戒勿争，忿戾居心不可存，分所宜得亦当让，夷齐求仁便得仁。尔不让人人谁怕，争竞成风何可训。我劝儿孙要逊让，唐虞至今称圣人。

训尔忍　　何谓忍量要宽，纵有触怒莫生端，为人不忍祸先召，退后一步地头宽。你不忍兮度量窄，他亦如我结成冤。我劝儿孙常忍耐，张公九世犹相传。

训尔廉　　何谓廉洁切莫贪，财利前生有定缘，惟义是从钱不爱。利害两字总无干。尔不要钱人必怕，子孙日后有样看。我劝儿孙廉居心，合浦还珠只因廉。

训尔勤　　何谓勤莫懒怠，懒惰偷闲必欠债。有田有地要种作，饮食岂有鸟衔来。起早睡晚尽辛苦，说与后人莫偷闲。我劝儿孙勤手足，虞帝也自历山来。

训尔馆　何谓馆砚作田，东飘西荡业不专，尽职专斋时训课，舌耕五经逢笔年。授徒讲解终有益，自行束脩吾诲焉。我劝儿孙常处馆，设教西河仰前贤。

训尔耕　何谓耕养尔生，游手好闲饥寒临。勤耕苦作终饱暖，国租钱粮自有剩。你不懒惰天不负，田生黄金医你贫。我劝儿孙要勤耕，廪有粟分囊有银。

训尔读　何谓读学圣贤，赞言语不等闲。识得透彻身荣贵，纵不成名也值钱。尔不读书愚了尔，目不识丁悔少年。我劝儿孙勤诵读，书中黄金任尔餐。

训尔庄　何谓庄要身端，轻薄佻易不足观，容貌衣冠时检点，尊长之前如对官，尔不自重人轻尔，巧令足恭成何颜。我劝儿孙要端庄，孔圣言语真可鉴。

训尔俭　何谓俭莫奢侈，穷奢极欲终有失。饮食衣冠随时套，一文要作两文使。尔不省费你纵过，日后子孙受人耻。我劝儿孙要俭约，床头金尽悔是迟。

训尔宽　何谓宽要量宏，肚皮窄狭不能容。是非好歹任人说，听见只作耳不通。尔不容人疾太甚，势必招祸定有凶。我劝儿孙量要宽，污衣问手是可宗。

训尔严　何谓严要齐家，闺门不谨有别话。内外男女要清洁，疏远瓜葛交莫答。尔不正经人侮你，出入无忌定有差。我劝儿孙严处己，齐家治国平天下。

汪氏约族要制：

族之有要约犹国之有典刑者。所以束斯民之具也。要约者所以范族众之规也。今我族谱牒新成，合族公议要约，尤当择一具紧要者以约束子弟也。命之曰，尔众务先饬伦纪后敦躬修，伦纪饬而后纲常不紊，躬修敦而后品行自端，居则务农桑以厚其生，谨学校以复其性。出则友正人以立坊表，戒邪伪以杜淫乱。四者常惕于心，庶成吾族之佳子弟矣。吾族自先人开创以至于今，绳绳继继犹不失醇谨之族者，亦由尚礼教饬廉隅，循循守法，以至于今也。吾愿后之人遵守礼法，丕振家声，毋令先人专美于前人可也。

祠事宜严，始迁始封于此地者准古之别子为始祖之长子，准古继别之宗为大宗，以嫡承嫡世世统族人主。始祖祭百世不迁小宗有四同……

学助当重功名一途。足以光宗耀祖然不多方鼓励则人才无由而兴我族资本额多于助祭勉学外，原无他事自应订立章程照例示行断无彼此之分，迄今六修科目已停，所有五修奖赏功名条例暂行免录，若后开科取士，族中有人胶庠登仕籍者，仍照五修条例如数奖赏。

民国学校发达，族中毕业者不少奖赏，亦不可全无族等公议，遵五修条例变而通之，验实立凭大小酌晕奖赏多寡，毫无徇私碍情之举。

奖赏规例：

初等学校毕业免议，高等毕业奖钱贰拾千文，中学毕业奖钱肆拾千文，大学毕业奖钱陆拾千文。

族中如有贪鄙子弟藉款生端不在此列。或者无论何等人格一概俱免。

……

汪氏族谱及家训

五、民间歌谣

民间歌谣所涵盖的内容极为宽泛，衣食住行、柴米油盐、喜怒哀乐、悲欢离合、酸甜苦辣，在整个民间歌谣中占据着极其重要的位置。其形式以山歌、小调居多。山歌中有五句子、四句子、串句子，演唱形式有独唱、对唱、合唱。小调则多见于叙事和倾诉，大都有较为完整的情节。

五句子生活歌谣是这里最有特色的歌谣，其特色在于歌词的句式文体和表述方式。五句子歌谣多用七字句，前四句采用叙事方式，第五句则是对前四句所述情况的总结或诠释。由于民间流传的五句子生活歌谣多得难以数计，这里摘录几首仅供鉴赏。

《高坡岭上一亩田》

高坡岭上一亩田，

郎半边来姐半边，

郎的半边栽甘草，

姐的半边栽黄连，

苦的苦来甜的甜。

《栀子花开窝窝红》

栀子花开窝窝红，

姐儿笑我小郎穷，

去年还在江边耍，

今年到了水当中，

时运不好打下风。

如果把这些五句子歌谣的最后一句去掉，前四句仍然是一个完整的整体，就是说，五句子歌谣也可以变成四句子歌谣来唱。实际上，这里的民间歌手在演唱时，经常会这样选择和取舍。所以，这里的四句子歌谣大都取材于五句子歌谣。

串句子歌谣则是这里的又一特色,其特点在于歌词和演唱的发声方法。串句子歌谣的歌词全用绕口的连巴句编成,演唱时要用高腔,而且是嗓子发声,难度很大。这种歌谣的数量不是很多,但极有特色,列举如下:

《哥哥要鞋妹要扇》

哥哥住在巴岩巴壁笔宝山,笔宝山的哥哥儿搭信搭到夹槽夹沟赶狗沟的姐儿要鞋穿。

夹槽夹沟赶狗沟的姐儿又搭信搭到巴岩巴壁笔宝山的哥哥儿要一把花的扇子来,你要买扇子要买刮骨、剖骨、龙头、耍须、喜鹊闹梅花儿开,你要买这样的乖乖儿扇子儿来。

六、民间传说

(一)岩门的由来

传说中,岩门村有一个岩洞,在很久以前,有两位女神仙在岩洞中修行,洞里摆放有桌子和板凳,只要老百姓需要都可借去用,但用过之后必须归还原处。有一次,老百姓借了洞里的桌子和板凳,用了之后去归还时,觉得好奇,就悄悄躲在洞的外面偷看,这时从洞里走出来两位女神仙,这个老百姓就喊了一声,忽然间那两位女神仙就不见了,岩洞也被一个石门给堵上了,成了岩门,从此之后,这个岩门再也打不开了。后来,老百姓便称这一带为岩门,一直到现在。

(二)周家茶园的由来

相传周家茶园老屋门口有一棵茶树,树干有水桶粗。摘茶要搭专门的夹梯,每年可收上百斤茶叶。周氏家族就将这棵茶树的种子捡来种植茶树、发展茶园,并将所居之地也命名为周家茶园。后来因为人口发展和修房屋所需,加之茶树老化,后将其砍伐制成了榨油的撞杆。

（三）马头岩的传说

岩门村有座高山，坐西朝东，那里有块岩头，神像一个马头，这就是有名的马头岩。相传在容美土司时期，岩门村住着一对勤劳的夫妻，结婚二十年，却没有儿女。两人求神许愿，保佑生个孩子。终于在妻子38岁这年，生下一对双胞胎男孩，取名大男、二男。为了给孩子们缝衣服穿，就在岩门村的财主"覃歹毒"那里借了五吊钱，给两个孩子一人做了一套衣服。但"覃歹毒"的钱是借一吊还两吊。夫妻两人为了还这笔债，起早贪黑，糠一把、菜一把，紧巴巴地过日子。日子一长，孩子们长大了，屋里吃了上顿没下顿，债也越欠越多。在大男14岁那年，一连下了五个多月的雨，田里颗粒无收。"覃歹毒"带了一帮人到处催租要债。夫妻两人借的五吊钱这时已变成了七十吊，由于还不起债，"覃歹毒"硬逼着夫妻两人和两个孩子到家里当长工。夫妻两人每天天不亮就下地干活，累死累活做工还债。两个孩子替财主家放马，每天得到两个豆渣粑粑填肚子，日子过得十分辛苦。

一晃在"覃歹毒"家做工三年了，夫妻两人找管家结账。管家说："在这里做工，一天给了三餐饭，哪还有什么工钱！"丈夫一听十分生气，回到家里，找出一把大刀要去和"覃歹毒"拼命，妻子把他拉住说："你跟他拼命是一个抵一个，你死后，他们在孩子们身上出气啊，去不得。"

第二年开春后，"覃歹毒"派人催他们去上工，见两个孩子长得壮实，便强迫他们上山砍柴，每天要砍一千斤。一天，大男和二男在后山砍柴，天气闷热坐下歇气，忽然听见树林里有人说话。大男心想，这里是深山老林，从没见有人来过，哪来的人说话，心中好生奇怪。二人向说话的地方走去，只见树林中有间茅草屋，屋前有一个大草坪。两兄弟正准备进屋，此时从屋里走出来一个白胡子老人，见是两兄弟，便请他们进屋说话，了解他们家的情形。临走时，白胡子老人说："后天天一亮，你们到我这里来，我有话对你们说。"原来这老人是天上下凡的神仙，专门帮助穷人的。第三天天刚亮，两兄弟来到白胡子老人家。白胡子老人对他们说："你们不是恨那个财主吗？老实跟你们说，我是天上的神仙，专整治那些欺负穷人的人。99天以后，我将变成一匹大黑马，到财主家帮你们报仇，千万要记住99天。"

到了99天那天半夜,大男和二男到马栏里一看,果然有一匹黑马,毛黑得到像青缎子一样发光。黑马见了他们,摇头摆尾跟他们亲热。大男用手摸它的头,忽然黑马口吐人言说:"你们把我的头拿到财主家去,说你们把马杀了,这是最大的一匹马的头,送给他做菜下酒,他一听完就要打你们,你们就往后山跑,到那时我来帮忙。"两人听说,就去拿刀来砍马头,说来也怪,马头自己掉下来了。这时,其他的马头也一个接一个地掉了下来。两兄弟提着大黑马的头,跑进财主家。见"覃歹毒"正在喝酒,大男提着马头朝"覃歹毒"晃了晃,说:"你的马被我们杀完了,留下最大的这匹马的头,送你做菜下酒。""覃歹毒"气得火冒三丈,从墙上取下刀向两兄弟砍去。两兄弟不理他,提着马头便向后山就跑,"覃歹毒"把家丁喊来说:"他们朝后山跑,死定了,东面悬崖,十人守南,十人守北,十人守西,其余的人跟我搜山!"便领着众人朝山上追去。

马头岩

大男和二男跑上山后,把马头挂在一棵大树上。白胡子老人从树林里走出来,给大男和二男每人两支神箭,要兄弟俩向南、北、西各射一支,留一支叫大男射天上,二人立即向各方把神箭射去。只听得一声响,火光万道,神箭变成一条火龙向"覃歹毒"和他的家丁射去,这些人都被烧死了。这时候,老人说:"我下凡的期限已满,不等天亮,我就要上天复命去了,你们以后要好好生活"。说罢,一道金光不见。从此,岩门村东面悬崖上挂马头的地方,成了一座小山包,像一匹昂着头对天嘶叫的马,马头岩从此得名。

(四)张号洞的传说

岩门村的河岸边,有一面如刀切的岩壁,岩壁上有一个大岩洞,这就是张号洞。

相传很久以前，下坪有一户人家，老两口有两个儿子，大的叫张涛，小的叫张号。张号刚生下来的时候，不吃不喝，日喊夜哭，老两口急得不得了。"洗三"的这天，来了一个姓柯的先生，张父把张号抱出来请柯先生算命。柯先生用手在孩子头顶拍了三下，又把孩子的脚板摸了三下，说道："这个孩子天庭饱满，地角方圆，耳大口方，必有大富大贵。您若不嫌弃，我愿收这个孩子做徒弟。"老两口也就答应了。柯先生就给这个孩子取名叫张号。柯先生走后，张号也就不再哭喊了。张号长得惹人喜爱，不到半岁就会咿咿呀呀地喊爹喊妈了。

张号五岁时，父亲去世了。尽管母亲辛苦劳作，还是很难把两个孩子喂饱。两兄弟很小年纪就开始放牛、劈柴、下田干活了。

张号长到八九岁时，看到有钱人家的孩子去读书，心里也很羡慕，但是穷得连裤子都没得穿了，哪里读得起书？这天，张号在河边望着对面的山洞发呆。天黑了，忽然从洞里飞出好多萤火虫紧紧地缠住了他。张号只觉得脚板发痒，不由自主地就跑到洞里去了。萤火虫飞散了，只见洞里走出一个人来，鹤发童颜，金光闪闪，高喊道："张号，我是你师父！"原来是柯先生。张号小时候就听大人讲过，于是拜见了师父，便跟随师父进入洞里去了。张号跟着师父学艺，一年后才回家。

张号长到二十岁时，生得浓眉大眼、五大三粗，是个天不怕、地不怕的人。那时候，正值土司大兴土木之工，要修宫殿。土司凶狠，到处抓人，不去就杀。张号母子三人也被抓去修宫殿。

在土司那里做了三年苦工，张号的母亲和哥哥都累得病倒了，回到家里没过多久，就先后病死了。张号伤心至极，找到师父要为母亲和哥哥报仇。

柯先生传授秘法给张号，要他三年零六个月不出大门，在家练功，期满之日将插在神龛上的三支丝茅箭射往西南方，再把屋后的紫竹全部砍断，自有兵马而来，可夺土司天下。

张号听从师命，守孝在家，孤苦伶仃地度过三年的时光。这三年仿佛比三十年还长。到了第三年的腊月初九，还差21天就满三年了，但他再也等不及了，师父的叮嘱他忘记得干干净净。他打开大门，拿起神龛上的三支丝茅箭向西南方射去。

土司这天正在公堂上与众人议事，忽然浑身冷汗直冒，头昏目眩，只听得"呼"的一声，不知从哪里飞来一支箭，不偏不斜，正插在土司面前的公案上。接着又是"呼、呼"两支箭飞来，插在公案前的大堂上。土司和众人吓得魂不附体、目瞪口呆。侍从壮起胆子拔起神箭，箭上刻有"下坪张号"四个字。土司大怒，即刻发令，校场点齐兵马，启程到下坪捉拿张号。

张号射完箭，就走到屋后，把一园紫竹全部砍断，只见每根竹节中都有金人金马。有的金人手持武器，已骑在马上，有的金人只跨上一只脚，还有的金人正打算上马。张号大叫一声："可惜！"恨自己不听师父之言，三年不满，箭射不中王，兵马未活。

张号正在家中叹息，忽见远处尘土飞扬，知道土司的兵马来了，自知不妙，只得逃到岩洞中。

土司到了下坪，放火烧了张号的茅屋，到处捉拿张号，但也没有他的影子，土司猜想张号肯定躲在岩洞里，就派人把所有的山洞都用岩石封死，想饿死张号。

第二天，一个岩洞发出轰隆隆的响声，封在洞口的岩石塌了，张号穿着一身红衣，出现在洞门口，举起弓箭向土司射去。土司吓得要命，掉头就跑，回去后因恐吓得病，不久便死了。

张号洞由此得名。

容美土司南府遗址

——南村

南村隶属于鹤峰县五里乡，是一个历史悠久、生态良好、环境优美、特色鲜明的美丽乡村。2014年，南村入选国家民委命名的首批中国少数民族特色村寨名录。2017年，南村被中央文明委授予全国文明村镇称号。此外，南村还是省级文明村、州级生态村、县级民族团结进步示范村。

一、村落概况

南村位于鹤峰县中部,五里乡的中西部,距五里乡10千米,距鹤峰县55千米,341省道贯村而过。截至2019年末,南村下辖8个村民小组,共265户822人,村民以土家族为主,有71个姓氏,其中向、张、田、彭、覃等姓氏的人口占全村总人口的80%以上。全村面积为18.23平方千米,主要种植玉米、茶叶。村内楠木、杉木、枞树等森林资源丰富。

在1310年以前,麻寮土司就在南村设府建衙,始称南府,现在的地名"南府垭"就源于这个时期。据《明史》记载,明嘉靖年间,"容美土官田世爵因与土官向元楫累世相仇。元楫幼,世爵佯为讲好,以女嫁之,谋夺其产,因诬元楫以奸。有司恐激变,令自捕元楫,下狱论死。世爵遂发兵,尽俘向氏,并籍其土"。从此,容美土司占领了麻寮土司靖安隘的领地。随后此地就改称为容美土司南府行宫。这期间修张桓侯桥,建张桓侯庙,修造骡马古道等。

南村概貌

这一时期，土司在这里大兴土木，建造九峰读书台，在燕喜洞内建造军事设施，在龙嘴凸上搭建戏台。据史书记载，当时的古道穿南村而过，古道两旁商铺林立、人来人往、茶商云集，当时的经济十分繁荣，当地的发展达到鼎盛时期。毫无疑问，当时的南村已成为万里茶道的一个中转站。这里既是交通要道，又是商业文化中心。土司时代是一个等级森严的时代，为彰显敬畏，土司也很会想办法。经过南村的人都要在一处"文官下轿，武官下马"，否则不准通过。出南村者必须步行到这个地方才能上马、起轿，这里就叫"上马凳"。改土归流后，为礼陶乡南村保。

1912—1927年，为友助乡南村保。1928—1933年，属湘鄂边苏区鹤峰县第九区杨柳乡苏维埃政府管辖。1930年8月10日，县赤卫队从五里乡执行任务后向鹤峰县城转移，途中在南村宿营。投敌的彭兴周、彭兴武等人乘赤卫队不备，聚数倍之众，突然袭击，残杀了县赤卫队队长刘敬业等同志，制造了惨绝人寰的"南村惨案"。自此，南村儿女义无反顾、毅然决然地投身到轰轰烈烈的苏维埃运动中，为中国的革命事业作出了不小的贡献。1934年，国民党管辖下的鹤峰县政府强化保甲制度，全县划为六区，南村属四区杨柳联保管辖。1942年废联保设乡，全县划为2区9乡97保，南村属走马区五里乡杨柳坪保，直至1949年。

中华人民共和国成立后，南村属二区五里乡杨柳保管辖。1955年，属燕子区杨柳乡管辖。1958年12月完成人民公社建制后，南村为五里区杨柳公社南村大队。1984年恢复区乡行政区划，南村属五里区杨柳乡南村。1996年撤销全部区公所及区公所所辖乡镇，南村属五里乡杨管理区管辖。2001年撤销管理区后南村由五里乡管辖。

南村包括水田坝、大木坪、南府垭、扎鸡村、家乡湾、王家湾、落刀洞、胡家台等自然村落。南村是一个四面环山的小盆地地形。麻王寨高耸于村后，251省道穿村而过。该村还是全国民族特色村，其村委会的房屋建筑具有土家族的特色，为一正两横的吊脚楼。

二、文化遗址

南村有多处文化遗址，如古桥、古茶道。2019年3月，万里茶道正式列入中国世界文化遗产预备名单，鹤峰县古茶道五里乡南村段同月被列入万里茶道申遗预备名单。

（一）古桥

南府张桓侯桥是容美土司时期修建的石拱桥，因桥头的一块古碑风化严重，修建的具体时间已无法考证。

古茶道之南府张桓侯桥

位于高家湾的一黄桥

维修前的古茶道二黄桥

修整后古茶道二黄桥

上面所示一黄桥和二黄桥为容美土司时期所建的古石板桥,一黄桥是由三块宽80厘米、长1丈①有余的麻条石铺成,二黄桥则是由两块相同规格的麻条石铺成。

(二)古庙

张桓侯庙是明朝即有的古庙。清康熙年间,江苏无锡人顾彩受容美土司时任司主田舜年之邀,游历容美时曾在这座庙里住了十天,写下了"虎不伤人堪作友,猿能解语代呼童"的千古名句。

张桓侯庙遗址一角

张桓侯庙遗址出土文物

(三)古茶道

南村是申报世界文化遗产——万里茶道的重要遗址保护区。宜红茶是清末民初唯一打通欧美市场的中国茶叶,鹤峰是宜红茶的重要原产地之一。现在,中国红茶出口,必须配入51%的鹤峰的原产茶,才能达到欧美客商所需要的标准。

---

① 1丈≈3.33米。

万里茶道鹤峰段

万里茶道鹤峰段连三坡古茶道

三、民间风俗

（一）婚嫁习俗

南村的土家族人至今仍然保留着许多富有特色的民族风俗，土家族人的婚俗习惯别具一格、饶有风趣。土家族传统婚俗一般包含有讨口气、讨红庚（合八字）、择大香、送期单、上红、过礼、陪十弟兄、陪十姊妹、迎亲、拦门、发亲、拗礼、拦车马、铺床、迎上亲、结蜡、圆亲、闹房、新人跪拜、接风、拜茶、面花、回门等习俗。

结婚现场

（二）丧葬习俗

土家族先民曾实行火葬、岩墓葬、悬棺葬，他们哀悼逝者的方式之一是"击鼓踏厉而歌，叫啸以兴哀"，而后受汉族丧葬习俗的影响，逐渐采用土葬，但他们依然保留了其先民悼念逝者的方式，以跳丧、歌丧来哀悼逝者，慰藉生者。土家族保存到现今的古老丧葬习俗是"绕棺"和"跳丧"。

"绕棺"，又名"打绕棺"，或名"穿花"，广泛地流传于湘鄂西及川东部分土家族地区。其一般由五人或七人，至少三人，成奇数进行跳唱，现今由年长者领头，其他人跟随在长者后面，移动范围不能出灵堂。其所唱歌词内容广泛，可唱逝者生平，也可唱神话传说，曲调多变，伴之以鼓、锣、镲、钹等乐器，场面十分热闹，乡土生活气息浓郁。

"跳丧"，可分为两种类型：一种是鄂西长阳、五峰、巴东等地流行的"打丧鼓"，又称"跳仗鼓"；另一种是湘西凤凰、泸溪地区流行的"打廪"，又称"跳牌""跳流落"。"跳丧"与"绕棺"一样，是一种丧葬性的歌舞活动。在土家族村寨，一旦哪家老人终寿，不问男女、名望、尊卑，皆是"人死众家丧，一打丧鼓二帮忙"。

四、民间传说

（一）落刀洞

一砍柴人不慎将柴刀掉进一山洞内，故名落刀洞。

（二）家乡湾

此湾居住的向、李二姓都是从湖南慈利迁来的，相互称家乡人，故名家乡湾。

（三）南府垭

相传，容美土司曾在此处设府衙，管理南路事务，故名南府垭。后来，府衙迁址到南村。

（四）金线吊葫芦

南村有个麻王寨，相传，很久很久以前，麻王寨上有一个金线吊葫芦（石质的）。据说这葫芦受涵养后将会变为龙头。一旦变为龙头，就会使这个地方兴盛发达。元明时期，麻王寨为靖安土司重要寨府。容美土司要占领容阳天下，必除掉靖安土司，于是计划斩断龙头。因此容美土司命八十一位大力射手各持弓箭，瞄准金线吊葫芦细颈处猛射，只见箭落处金星乱迸，却连一点痕迹都未留下。于是容美土司又命用火烧，让人搬来许多柴草，堆在金线吊葫芦的细线处用烈火猛烧，四十九天过去，金线经火煅烧反而更加坚固，不曾损坏一点。容美土司在万般无奈之下，便请来人出主意，有人说："你在麻王寨山顶打制一个巨大的蜈蚣，在蜈蚣打成之日，上天就会帮助你的。"于是，容美土司请了四十九个石匠，打制了四十九天，一条巨大的石蜈蚣终于打成。当天晚上，上天发现了蜈蚣，于是派雷公下凡消灭此害虫，一夜电闪雷鸣，天亮时，巨响不断，不仅石蜈蚣遭雷击而毁，而且金线吊着葫芦的连接处也被雷劈断，一个巨大的石葫芦掉落下来，至今仍留在麻王寨中。

五、文人诗文

节录清著名文学家、戏剧家顾彩的《容美纪游》关于南府的描述及诗文。

二十日，晴。稍下坡为核桃荒径八里，泥没人踝。中多尖石、腐木，礧砢隔碍，马步俱不良行，乃路之最恶者。荒尽至五里坪，则天开一嶂，山环水绕，如十二翠屏，桑麻鸡犬，别成世界。人居疏密，竹篱茅舍，犹有避秦之遗风焉。路左一面山豁，平远千里如中原。从人云：非无山也，山俱在下，俯视不可见，故若平耳。逾一寨，抵南府。（计行三十二里）

寓余于张桓侯庙。（土人最敬关公，惟石林一镇以张桓侯常显圣，作专庙祀之。侯像居中，而以刘、关、诸葛、赵列侍配食）庙有楼，极弘敞，八窗洞达，清流襟其前，高峰峙其后。楼前桃树七八十株，一时开放。时见小鸟，背作黄斑色，乃杜鹃雏也。尚不能鸣，始贴地学飞耳。君以余鞍马劳顿，遣使来问，折柬招翌日行署小集。

《春日见子规鸟贴地学飞有感》
未能啼血染春衣，且学莺雏贴地飞。
有恨欲教山竹裂，无人知道羽毛微。
寄巢母子家何在？旧国君臣事总非。
他夕月明羁思苦，好来频劝不如归。

《张桓侯庙》
张侯新庙枕长溪，落日孤悬碧嶂西。
忠勇竟扶昭烈祚，义风高与寿亭齐。
千秋似见云旗卷。五夜常闻铁马嘶。
吴蜀到今俱泯灭，独留英爽待标题。

《石林山最高顶》
倚天孤剑截空青，劈作芙蓉镜里屏。
绝顶便应摩列宿，半腰常自响奔霆。
泉因折曲经年注，叶为高寒盛夏零。
纵使御风难度越，隔云缥缈揖湘灵。

二十一日，宴集行署西园。题曰九峰读书台，竹石幽秀，分韵赋诗。（坐客：余父子；一周姓，江南太平人，善画；一皇甫姓，名介，字丕显，杭州人；一祝姓，字九如，岳州诸生；及主人父子）

《九峰读书台》
春色伴幽君，名山好著书。

烟岚相映带，花柳自扶疏。
片席分金谷，孤亭閟石渠。
客愁全为减，况乃馔嘉鱼。

二十二日，君来桓侯庙赐答，携酒馔至，饮竟日，作诗。

《题楼前桃》
不必元都观，桃花也盛开。
堪迷渔父棹，疑映美人腮。
客子怜将去，游蜂喜正来。
武陵千万树，都是使君栽。

二十三日，君以新茶、葛粉、竹鼬、野猪腊、青鱼鲊、虎头脯饷余寓中。（自后，每有佳馔及土物，必遣人相馈）南府署极雄敞，倚山面溪，前有石街，民居栉比，尽石林山脚，皆阛阓也（君以楼工未竣，欲余迁寓民房，余相度数处，俱湫隘不堪，乃不果移）溪外有亭台数处可眺。其北有岩洞，名燕喜，深十余里，外窄内宽。土人避寇，常聚居其中。今则洞空无物，洞外有毒草名蛇麻，多刺，犯之则蜇人，甚于蜂虿，痛一日乃定。羊马俱远避，惟猪食之则肥。

二十八日，游燕喜洞。

《诗一首》
谁凿青山腹内空，下临幽邃上穹隆。
悬絙直入深无底，秉烛潜行路忽通。
千古未曾分昼夜，万家兼可避兵戎。
祖龙一炬当时烈，恨不藏书向此中。

《峡内人家》

岩居幽事颇无穷,葛粉为粮腹易充。

虎不伤人堪作友,猿能解语代呼童。

远锄灵药他山外,近构茅亭野涧中。

更喜不闻征税吏,薄田微雨即年丰。

《山家乐》

种桑百余树,种竹数十亩。结庐傍丘壑,开门向花柳。

东田新秫熟,随意酿春酒。岂徒自斟酌,还以待宾友。

何用知阴雨,凉风吹户牖。何用知晚晴,斜日挂林薮。

牛羊各自下,月出大如斗。扫叶闭柴扉,扶藜送邻叟。

山中虽有虎,不致伤鸡狗。岁稔俗既淳,盗贼亦稀有。

田家乐此意,耕凿到白首。美彼陶潜诗,长吟过山口。

南府多桃花,与梅、杏、梨相间而发。花事甚盛,为他处所罕。又二月中已有鲜笋可食,竹有巨细两种。(其细如食箸者为篠竹,叶大,径二寸,长尺许,可以盖屋。巨竹名龙公,截之可为筒,叶则细碎如柳。物理之相反也)笋俱极美,食至五月未已。惜司中无油盐醋酱,不善烹饪耳。留南府者共十日。

民间文脉厚重
——官仓村

官仓村位于武陵山脉石门支脉中部,隶属于鹤峰县走马镇。该村是恩施州委、州政府授予的"2015—2016年度文明村"。2017年,该村被国家民委命名为中国少数民族特色村寨。

一、村落概况

官仓村距走马镇5千米,村域面积为7.83平方千米,耕地面积为1.74平方千米,其中水田面积为0.82平方千米,旱地面积为0.92平方千米,茶叶面积为2.83平方千米,林地面积为5平方千米。截至2019年末,全村下辖4个村民小组,共666户1819人,村民绝大多数为土家族,还有部分苗族和白族。官仓村地形为丘陵,山岭纵横,平均海拔950米。气候为亚热带大陆性季风湿润气候,特点是四季分明、冬冷夏热、雨热同季,年平均气温在15℃左右,年日照时数为2300小时,年降雨量为1930毫米,无霜期为230天。土壤有6种类型,其中以黄壤、黄棕壤为主,pH值在6.0左右,土壤呈弱酸性,有机质含量较高,适应多种植物生长,境内生物资源、土地资源、水资源比较丰富。

古往今来,人们对官仓有官庄坪、官长坪、官仓、官仓坪、建粮大队、官仓村六种称呼。官仓古称官庄坪,清雍正年间改土归流后,属湖南澧州慈利县麻寮千户所管辖。因此地不乏读书做官之人,故别称官长坪。由于其地处关外之中点,且物阜粮丰,清乾隆二年(1737年),鹤峰州白果坪巡检署、外委把

官仓村概貌

总署奉毛峻德之命，在此建官府粮仓（常平仓），民间称官仓。久之，官庄坪被改称为官仓坪，简称为官仓。中华人民共和国成立后，这里曾组建"建仓""粮仓"两个初级农业合作社，两社均以"仓"为名，后合并为"建粮农业社"，丢掉了"仓"字。1958年转为走马公社建粮大队。此后，官方和民间逐步将官仓改称建粮，曾一度世人只知建粮，不知官仓。1982年地名普查后确认恢复"官仓"称谓，将建粮大队更名为官仓坪大队。1997年建立走马镇时，将官仓定名为官仓村。

官仓村至今流传着两副清朝的对联，一副是雷家先祖雷尚书为自己墓碑撰写的对联——"日看千人拱手，夜观万盏明灯"，横批是"日月同辉"。他嘱咐后人在他去世后将其葬于辛家界，希望死后能俯瞰千人在田野劳作，还能俯瞰万家灯火通明的繁华官仓。另一副是洪家先祖奉直大夫洪明益在新楼落成时亲自撰写的对联——"炳炳燐燐雾阁云窗庆奇格栋宇启山川之秀，承承继继酒国诗城喜重开堂构由仑奂而新"，横批是"超起文明"。这副对联的原物现收藏在鹤峰县博物馆。从这些古人留下的文字，人们可以窥见当年官仓村人烟稠密、富裕兴旺的景象和当地先贤的文采。

官仓村位于北纬29°48′，东经110°24′交汇处，其西北面以海拔高度1500米的竹木葱郁的辛家界为屏障。从辛家界腹部分别有笔架山、笑人山、轿顶岩、罗汉晒肚、阳歇垭五座小山向前延伸，当地百姓称辛家界为"后山"。其东南面是林茶苍翠的、以太阳堡为制高点的绵延丘陵，当地百姓称这条丘陵带为"前山"。前山和后山之间有大片相对平坦的良田沃土，总称官仓坪，是"关外"著名的"米粮川"。源于辛家界的五龙溪从坪中蜿蜒向东流入大典河。官仓坪左边有荆楚灵石"将军岩"护佑，右边有武陵奇峰"娘背子"眷顾。相传，古代有位高明之士对这里的山水地形进行细致研究后，将此地称为"五龙捧圣福地"。

官仓村盛产水稻，被誉为"鹤峰的粮仓"，但水田只能种一季，所以现在大多水田被改为旱地，一部分种玉米，绝大部分改为茶园。以前，官仓村也产葛仙米，现在改为旱地后，葛仙米就没有了，只有少量保留水田的农户才有产出。

二、文化遗迹

（一）永禁碑

永禁碑原被集体加工厂作为动力基座打孔安装机器，造成残缺，所幸碑面大部分文字保存完好。经推敲整理，发现记载的是清乾隆三十年（1765年）左右，当地官府山羊分司为防止流丐和地方不法之徒滋扰良民，通过对流丐赵国富强索凶殴典型案例的处理，奉谕永禁，特组织96名乡贤出资联名树碑，晓谕当地百姓，共同维护社会秩序，保护人民安宁的官民联防史实。

透过沧桑古碑上的模糊的文字，我们可以看到一幅清晰的两百多年前本地的社会生活画面，对当今社会管理仍有可供借鉴之处。此碑当属一件有价值的文物。故此，官仓村于2014年8月出资将此碑从加工场移至官仓村民族文化广场收藏。

永禁碑

整理后的碑文如下：

奉谕永禁

永禁碑记

湖北宜昌府鹤峰州山羊分司加三级纪录三次　熊　为严禁流丐　以杜强讨　以靖地方事　照得流丐强讨　滋扰良民　例在严禁残扰　山羊本里所境保内环地人朱明远等被流丐赵国富强索凶殴　扭送到案　经本分司当将流丐赵国富重责四十板　押逐出境　合行出示晓谕　外许尔等勒石严禁　为此示仰　所坪保内保甲牌头居民人等知悉　嗣后遇有乞丐　除老弱残疾意遂所与　倘有等强壮三五成群　身背长袋　一至孤村独户肆行强索讹勒　稍不随意　自伤头面　唬赫乡

愚 以及本境不法之徒偷窃谷菜 穿寨残民 尔等保甲务须不时查察 遇有此辈 随同受侵害者喊集众民 扭禀赴司 以凭究逐 尔等慎勿徇情容忍 查出併究 亦不得阳奉阴违 窝允匀索 各宜禀遵毋违 特禁

（以下96个人名 略）

世袭向祚华遵饬勒石永垂 粮佃全

公元二零一五年夏 官仓村　重立

（二）会仙阁与将军岩

官仓村有一座山，酷似笔架，名为笔架山，这座山位于走马镇至南北镇的中间位置。笔架山西侧有一山峰，名叫会仙顶。会仙顶上曾有一座小庙，1937年毁于火灾。2013年，官仓村在小庙原址新建了一游览观景建筑，名叫会仙阁。庙前有一石柱，名为将军柱，又名将军岩。

会仙阁

将军柱

2020年，曾任鹤峰县文联主席的向端生先生在官仓村集资修建的前往将军岩的步道题了一篇记，名为《平安路碑记》。

《平安路碑记》

　　将军岩，是一处集自然、民俗、红色文化于一体，独具魅力之旅游景观。国内外游客慕名而至，不畏山路坎坷险陡，攀登游览，络绎不绝。真可谓"山不在高，有仙则灵"矣。

　　然而，土路石砢，坡陡逼仄，无论晴雨，攀登咸难。己亥菊月，爱心人士，聚议倡修"好人共筑平安路"。旨在弘扬积"德行善，修桥铺路"之传统美德也。天下好人，无论远近，积极响应，踊跃捐资；工匠奋力，锲而不舍；不惧暑寒，筑路不息。石板台阶，丞丞而上，豕鼠岁交，基本成型。缓步而上，众皆称好。

　　官仓村民，众议谆谆，此等好事，理应镌铭。敬颂功德，永记好人。特别谨记。

　　孟超先生，挚情拳拳，捐献铭石，永矢弗谖。

官仓村村民委员会
二零二零年正月初六日　立

三、乡风民俗

在生产生活方面，官仓村以前以种水田为主，栽秧季节有各种习俗，水田在冬天会关腊水。村民喜欢吃大片肉，喝大碗酒，过年时打糍粑，做阴米，做甜酒。

官仓村的民俗礼仪方面内容较为丰富，主要包括诞生礼仪、成人礼仪、婚仪、寿仪、丧仪等。

诞生礼仪：妊娠称为害喜，产后休养称为坐月，生产后要报喜、洗三、整祝米酒。

成人礼仪：冠礼，旧时，男子满16周岁会举行加冠礼仪，称为升号匾，命字，俗称取号；笄礼，旧时，女子满15周岁会举行笄礼；升寿匾，即在祝寿筵席的当天升寿匾。50岁以上为祝寿，50岁以下为做生，60岁以上升寿匾。

婚仪：订婚习俗包括放话、换贴、看廊场、朝年、求喜、报期、过礼；出嫁习俗包括打嫁奁、制嫁衣、制银饰、哭嫁、陪十姊妹、拜别告祖；婚礼习俗包括送亲、迎娶、陪十弟兄、迎娶告祖、接亲、圆亲、婚宴、陪上亲、复筛茶、早茶、送客、回门。

寿仪：庆寿以六十大寿为重，亲友会送寿面、糖、酒。女婿会送衣料、鞋袜。寿堂一般设在堂屋，屋内会设香案，摆寿桃，挂松鹤类的画，或张贴大红"寿"字、寿联及百寿图。寿宴仪式比较简单，会在开席前，请寿星坐于堂屋正中上首，然后按长幼次序，唤直系子孙至寿星前叩头拜寿。客人进门后，则站于堂前，作揖并说祝词。酒席多为"十碗八扣"，必备酒和面食。开席后，寿星坐上席。席间，向寿星敬酒者必须起身站立再敬酒。

丧仪包括：送终，报丧，净身（请水、剃头、洗身），穿戴（穿衣、戴帽、系岁线），下榻，入柩，守灵，孝守，哭丧，出丧（奠酒、传包袱、出殡、上山、下窆）。

四、民间文学

官仓村民间文学丰富，既有一些神话故事，如将军岩的传说，也有与粮食有关的故事，如建粮抓粮的故事，深受广大村民的喜爱。

（一）将军岩的传说

将军岩是官仓村笔架山南端峭壁之顶的一尊奇石，高约5米，重约30吨，上大下小，呈倒四棱台状屹立在碎石片之上，像比萨斜塔一般微微倾斜，看似摇摇欲坠，实则稳如泰山。它的造型和存在状态用地理学知识无法说明，老百姓只有用神话故事来加以解释。

将军岩的险奇和神秘让人们对它敬畏有加，视为神灵，并从古到今流传着一个美丽的神话故事。

相传很久以前，笔架山的神仙洞里住着两位神仙，负责管理一方山水，护佑百姓安宁。因有神仙护佑，走马镇一带年年风调雨顺，百姓家家安康。两位神仙看到人间一片美景，十分高兴，闲着无事，就在山顶的棋盘岩下象棋取乐，有时甚至下得入迷。

一天，炎帝带着一位年轻、英俊的药师，从陕西天台山出发，南下武陵山采药。炎帝落脚神农架，派遣药师继续南下武陵山。

药师来到笔架山，看到这里山秀林茂，药材丰富，水田如平镜，葛仙米成片，民风质朴，乡邻友善，便流连忘返，在此落脚。他天天上山采药，为当地百姓疗伤治病，深得乡亲喜欢。不久，他便和山下一位美丽的姑娘产生了爱慕之情，并结为夫妻。婚后，他仍上山采药，行医治病。贤惠的妻子在家种地，和乡亲们关系融洽。夫妻二人日子过得十分甜蜜。不久，他们生了一个孩子，一家三口更是其乐无穷。

一天，这位药师又上山采药，走到山顶，看见两个白胡子老人正在下棋，于是他十分好奇地站在旁边的一块石头上观战。这个地方就是现在的小棋盘岩和观棋石。等到一盘棋下完，两位神仙发现自己被凡人看见，已经泄露天机，只好邀他坐下攀谈。谈话中，神仙觉得这个年轻人不仅心地善良，而且颇具仙风道骨，便邀他进入仙界，药师欣然答应。于是神仙传授他道法，让他得道成仙，并把保护此地平安的重任交给了他，将他的凡体变成一尊石柱，立在山崖之上并赐名为将军岩。

药师的妻子发现丈夫失踪了，她就背着孩子到处寻找丈夫。母子俩天天四处呼唤，漫山遍野寻找。药师也十分思念爱妻和孩子，更不忍心看到妻子和孩子如此悲伤，便恳求神仙把她们接到仙界。神仙大发慈悲，让药师一家在仙界团聚，并将母子二人的凡体变成另一座石峰立于山腰，与将军岩遥遥相望。这就是如今的"娘背子"。

药师一家过上了神仙日子，仍不忘乡亲，就托梦给乡亲：有何疾患疼痛、遇到为难之事或有何良好愿望，只要向将军岩焚香祈祷，诚心跪拜，就会逢凶化吉，心想事成。同时也交代：想取不义之财，或者想靠赌博赢别人的钱，求他无用。从此，当地百姓逐步形成了拜将军岩祈福还愿的习俗。每当心想事成之后，祈福的人都会上山为将军岩挂红、放鞭炮，捐功德钱，表示感恩。为表恩德，当地百姓还在将军岩旁的"会仙顶"上修了一座小庙，起名为会仙阁，作为祈福还愿和休息的场所。久而久之，当地百姓对将军岩就有了"将军菩萨""将军医生""将军爷爷"等多种称呼，一直流传至今，逐步形成了拜石祈福的独特民俗文化。

相传，药师还托梦告诉乡亲们，谁家办喜事缺用具，就到"娘背子"旁的大洞洞口焚香祈愿，说明需借的东西和数量，第二天清早就可以在洞口如数拿到要借的桌椅板凳、金杯银盏。他特别叮嘱：有借有还，再借不难。后来，有一家借了东西，少还了一个金杯，从此大洞里再也借不出东西来了。

在大洞借东西的故事世代相传，直到现在，老人们还在用这个故事教育后代要讲诚信。

将军岩的传说有诗为证：

天台揖别此登临，参破玄机几度春。
物外丘山藏羽士，峰头药客化将军。
簪笄远觅娘背子，阆苑同携仙济民。
九地八荒多拜谒，沧桑未改局中人。

（二）关于粮食的故事

粮食是国泰民安之基。官仓村与粮食结缘，流传着不少有关粮食的故事。

1. 卢官贞三打九台山

清光绪十年至十三年（1884—1887年），广州实业家卢次伦偕同英国矿冶学院毕业的矿冶专家林紫宸，经湖南官方批准，到湘鄂交界处九台山（即万寺坪）开采铜矿。当时在"关外"一带，大量青壮年劳力都去开矿赚钱，导致农田大量荒芜，官仓无粮储备，民间衣食无着。加上湖南与湖北官方边界之争，在当地官方的默许下，官仓农民卢官贞凭借魁梧的身躯、巨大的气力和自幼练就的一身好武艺，振臂一呼，召集数百人三次攻打九台山，捣毁采矿设施，夺取粮食物资，矿山无人可敌，致使铜矿无法生产。卢次伦、林紫宸被迫以"聚众抢劫"罪名将卢官贞告到湖北巡抚衙门。卢官贞在其精通文墨的兄长卢官禄的陪同下出庭应诉,以原告越界非法采矿,破坏农耕,导致田地荒芜、民不聊生为由,以当时"关外"流传的民谣"天见林紫宸,日月都不明;地见林紫宸,五谷都不生……"为据,打赢了官司,关闭了铜矿。官仓百姓闻讯喜气洋洋,炮火连天,列队欢迎卢氏兄弟凯旋。为了传颂卢官贞这位官仓豪杰的英雄壮举,当地文化人编了一个剧本《卢官贞三打九台山》,并以柳子戏的形式在湘鄂边界演出。可惜年代久远,对此只有民间传说,无法找到剧本。

2. 建粮抓粮的故事

二十世纪七十年代,为了解决全县人民吃饭的问题。时任鹤峰县委书记张明尧三度到建粮蹲点,至今民间还流传着张书记建粮抓粮的故事。

1973年开春,张明尧带领县革委机关和科局的5名干部到建粮大队蹲点,抓科学种田,摸索增产粮食的经验。

为了掌握第一手资料,张明尧主持种了一块面积为两亩的试验田。整地、施肥、播种、间苗、薅草、追肥等,每一个生产环节他都亲自参加。为了全大队粮食增产,他每隔几天就要到各生产队的田间地头去检查一遍,发现问题及时督促采取相应措施。他和社员一起爬上悬崖去挖腐殖土作肥料,一起下田插秧、薅草,一起挖土豆、掰玉米,晴天一身汗、雨天两脚泥、吃住在农家。工作组干部和大小生产队干部也付出了很大的努力,大家都希望能获得粮食丰收。

可是,这一年天公不作美。从春播开始一直到秋收,平均气温比常年低2.4℃,再加上长期阴雨、病虫害蔓延,所有粮食作物都抵御不住严重自然灾害的袭击。又由于从外地调进的罗汉果种子品种混杂,致使良莠不齐,缺苗严重。这一年建粮大队的玉米、水稻大幅度减产,张明尧亲自种的那块试验田折合亩产也只有500来斤。沉重的打击,使张明尧内心非常痛苦,眼泪止不住从他那已显苍老的脸颊上流下来。

1976年,张明尧决心再到建粮大队蹲点,并把县委办公室搬到了建粮大队。他带领工作组和县委办公室的干部调查研究,听取基层干部和群众的意见,探索在生产队划分班、组,实行包工、多劳多得,调动社员劳动积极性的管理办法。

同时开展农田水利建设，改善生产条件，推广科学种田，扩大良种面积，实行合理密植等。1977年与1978年两年，建粮大队连续获得丰收。

1979年，张明尧继续在建粮大队蹲点，在总结前两年工作经验的基础上，他决定推行"四定五统一"（即定产量、定投资、定工分、定奖惩，统一制定生产计划、统一调配劳动力、统一掌握生产资料、统一安排农活、统一收益分配）管理责任制，以调动干部和群众的积极性。各作业组不负厚望，互相比着干，广大组员的劳动积极性空前高涨。科学种田也有新的突破，扩大了夏粮面积，普遍种植玉米良种恩单2号、杂交稻和经过试种在当地增产效果明显的窄叶青良种。这一年建粮大队获得全面大丰收，所有的作业组都获得超产奖励，粮食总产量达到213.9万斤，创造了历史最高水平。

1979年11月，张明尧在建粮大队经过三年探索形成的以生产队划分作业组，实行"四定五统一"的生产责任制，经县委常委扩大会议讨论，决定向全县推广。这项举措对于贯彻党的十一届三中全会精神，解放思想，联产计酬，打破分配上的平均主义、"大锅饭"，起到了积极作用，为推动全县农村改革，实行家庭联产承包生产责任制打下了良好基础，较好地解决了全县人民吃饭的问题。

官仓村是一个人杰地灵的地方，是一块盛产米粮的膏腴福地。

五、民间艺术

官仓村有丰富的民间艺术。过去，在山上劳作的村民唱山歌是祖辈留下的传统，现在虽然很少听到，但是还有一批七八十岁的老人还记得很多山歌，开心的时候，他们还会唱几首，其丰富多彩的歌词，高亢、嘹亮、婉转的歌声令人陶醉。打围鼓是官仓村传统的文化活动，十几种不同的调子令人陶醉，红白喜事还经常演奏。薅草锣鼓也是韵味无穷的民间文化活动。敲锣打鼓，即兴编唱，鼓舞干劲，其乐无穷。此外，这里还有独具特色的官仓狮子灯，狮子的造型与众不同，玩法别具一格，花灯桥的名称就源于狮子灯。柳子戏也是官仓村久演不衰的地方戏，本村的老艺人虽都辞世，但民间仍有丰厚的文化基础。

该村流传着很多民谣，主要是一些涵盖生产生活内容及为人处世方法的民谣，还有传承孝道的《孝顺歌》、富含人生哲理的《"半"字歌》等。

民谣展示如下：

官仓　官清人心安，仓丰民泰然。
　　　福德创和谐，地灵造乐园。

喝酒　饮酒作乐要有度，酒到半醉便可收。
　　　好酒贪杯是恶习，醉了伤身又出丑。

争界　山界地界莫要争，让他几尺不要紧。
　　　你退我让情意在，和平共处都开心。

生活　核桃好吃树难栽，不下苦功花不开。
　　　幸福不会从天降，美好生活等不来。

钱财　常言钱财如粪土，助人为乐记心头。
　　　世上仁义值千金，该出手时就出手。

麻将　麻将游戏也好玩，麻将入迷变麻烦。
　　　倾家荡产酿悲剧，穷途末路后悔晚。

劳动　热爱劳动最光荣，科学致富受尊敬。
　　　不务正业难成家，游手好闲最可怜。

话语　哪个人后无人说，哪个人前不说人。
　　　是非对错不争辩，管他好歹莫操心。

夫妻　夫妻一场是缘分，手牵手儿心贴心。
　　　同甘共苦建家园，生儿育女树门庭。
　　　天上涨水地上流，夫妻吵架莫记仇。
　　　白天进出一个门，晚上上床睡一头。

持恶　横不讲理丧人心，持强霸道逗人恨。
　　　强中还有强中手，通情达理天下行。

孝顺　人人都是父母生，孝敬老人要真心。
　　　无微不至顺心意，喜笑颜开陪老人。

邻居　早不看见晚看见，隔壁邻舍要真诚。
　　　远亲不如近邻好，关爱互助胜家人。
整酒　家有喜事整个酒，亲友聚会喝喜酒。
　　　不为钱财为友情，千万莫整无事酒。
节俭　珍惜财物莫浪费，省吃俭用最可贵。
　　　粒米能够积成箩，雨滴汇成江河水。
诚信　为人最需诚和信，实话实说莫骗人。
　　　虚情假意人知晓，事久便可见人心。
虚心　骄傲自大人不信，谦虚谨慎得人心。
　　　取人之长补己短，尊重别人受人敬。
饶人　冲突矛盾一出现，忍气吞声量要宽。
　　　得饶人处且饶人，百日之忧定可免。

《孝顺歌》

东边天上红云起，西边天上紫云生。
亡人跨鹤已西去，腾云驾雾别亲人。
孝子灵前哭母亲，媳妇哭得最伤心。
长一声来短一声，只想把妈喊转身。
人死不能再复生，活人活得要开心。
不为死者伤自身，老人走得才开心。
各位乡亲仔细听，孝堂里面唱孝顺。
人生百事孝为先，敬老爱老是本分。
哪门才算有孝心，我来说给大家听。
人人都是父母生，养育之恩要记清。
十月怀胎几多苦，生育之时象要命。
屎一把来尿一把，才把娃儿拌成人。
起早贪黑把产生，东奔西忙把钱奔。

为了儿女能成才，世上艰苦都吃尽。
等到娃儿成大人，还要帮他把家成。
儿女生枝又发叶，又要操心小孙孙。
转眼太阳又西沉，人到晚年出百病。
牙齿掉来腰腿疼，眼睛慢慢也看不清。
叫声各位年轻人，老人的苦处要知情。
设身处地待老人。知恩图报讲娘心。
天天早晚问一声，身上哪里疼不疼。
要是有点小毛病。连忙弄药请医生。
衣服鞋袜要选好，又漂亮来又合身。
热天出门要好看。冬天热和又干净。
老人的饮食要细心，多吃素菜少吃荤。
少吃多餐助消化，鸡肉蹄子汆些炖。
还有一点莫忘记，要让老人常开心。
多和老人说说话，高兴地事儿他晓等。
说话轻了他听不见，说重了他又把气生。
这个问题怎么办？关键就在看表情。
关心老人要真心，和颜悦色待老人。
老人的想法要摸清，顺者为孝是古训。
莫要学习有些人，虚情假意待老人。
在生不去尽孝心，死了假装哭鬼神。
群众心中有杆秤，孝不孝顺都晓得。
为人莫做亏心事，争当孝顺的好子孙。
屋檐水儿点点滴，哈哈滴到现窝里。
忤逆不肖子孙看，老了后悔来不及。
孝顺歌儿到这里，孝顺二字请牢记。
文明家风靠自己，一代一代来培育。

都说家和万事兴,孝顺治家是根本。

家家和睦又兴旺,和谐社会早建成!

唱孝顺来讲孝经,亡人面前诉衷情。

热热闹闹办丧事,真心诚意颂老人。

各位亲友和来宾,共聚洪府有感情。

互帮互助和为贵,同心同德是真心。

我代表主家表谢意,丧事办得有新意。

天地人间多善意,亡者一定很满意!

《"半"字歌》

人生自古最忌满,半贫半富半自安,

半命半天半机遇,半取半舍半行善,

半聋半哑半糊涂,半智半愚半神贤,

半人半我半自在,半醉半醒半神仙,

半亲半爱半苦乐,半俗半禅半随缘,

人生一半在于我,另外一半听自然。

此乃以中庸之道看人生。

中则和,和则顺,顺则乐,乐则寿。

在戏剧方面,官仓村过去有唱柳子戏的传人,但现在村中仅存有官仓围鼓调,下面这些调子由田业成传授,李玉政于2012年整理,节选内容如下:

《豹子头》

扩扩 光,

扩扩 光其普 光。

扩扩 扩扩 光光 以光 其普其普 光,

其普其普 光,

以光 其普其普 光,

其普其普 光,

其普其普 光,
以光 其普其普 光,
扩扩 扩扩 光光 以光 其普其普 光,
以郎 以郎 光其普 光。

《千年岁》
达达 达,
光车 光,
车车 光。
车光 以车 光其普 光,
车光 以车 光其普 光。
车光 以车 光,
令光 光,
车光以车 七 车,
光其普 光 达,
光其普 光 达,
光车 以郎 光其普 光,
以郎 以郎 光其普 光,
以郎 以郎 光其普 光郎其普 光,
郎其普 光,
郎车 光,
其普其普 郎车 光,
郎车 光,
其普其普 郎车 光,
以郎 以郎 以,
光普其普 光普其普 光 达 光。

《画眉走俏》

达 其普其普 光达 以达 其普其普 光。

以郎 以郎 其普其普 光车 光车普 光。

车车 光光 以光 光。

车车 光光 以光 光。

光达 光车 光车普 光。

光达 光车 光车普 光。

其普其普 光,

其普其普 光,

以光 七 车 光日其普 光。

达达 达,

光其普 光。

书法、棋类、晨练等活动也是官仓村村民的爱好,这些活动不仅丰富了村民的生活,还促进了村民的团结、和谐。例如,农民书法爱好者彭华安先生,其行书形态飘逸、笔法秀丽,2011 年他参加全县老年书法比赛,其作品荣获一等奖。

六、官仓村红色故事

在鹤峰,无论你走到哪里,都有许多关于土地革命战争时期贺龙创建湘鄂边革命根据地的故事。据当地老人回忆,当年官仓村也有不少人参加了革命,献出了生命。

(一) 红色将军岩

峻峭神奇的笔架山上的将军岩令人敬畏,被老百姓视为守护神,并形成了拜石祈福的民俗活动。古往今来,将军岩成为人们美好心愿的寄托,奋斗誓言的见证。这里流传着一个关于"将军岩满山遍野挂红布"的红色故事。

1928 年到 1933 年,鹤峰县是湘鄂边苏区的中心。1927 年夏,贺龙元帅指挥八一南昌起义后，受党中央的安排，来湘鄂边组织建设革命根据地，1928年贺龙回到湖南桑植县组建的工农革命军，然后到走马坪筹枪筹粮，然后在红土坪一带打游击，官仓村有不少农民参加了红军，其中蔡先丛的丈夫到红土坪参加了红军，蔡先丛为了保佑丈夫在战场上平安，便到将军岩为其挂上一块红布祈愿红军打胜仗。后来，其夫在一次战斗中与部队失散了，据说跟着周逸群去了洪湖，后来不知所终。蔡先丛又将其子洪振先送到了贺龙组建的红军部队，且亦到将军岩挂红布，为的是保佑儿子在红军队伍中平平安安。当年蔡先丛对官仓村的村民们说，红军是为穷人们闹革命的好人，好人应该得到平安，我送儿子去当兵，是为壮大红军队伍，我上将军岩挂红布，不仅仅是为儿子，更是为了祈求保佑为咱穷苦人闹革命的红军队伍多打胜仗，保佑我们这些穷苦百姓早些有出头翻身之日。当年，在蔡先丛的带动下，许多老人、妇女都上山祈愿红军打胜仗并挂红布。后来，人们形成将自己的愿望寄托于将军岩并上山挂红布的习俗。从此，天南海北凡是有祈愿的人都来到将军岩都要挂上一块红布。蔡先丛一家四个亲人（丈夫、儿子、弟弟、侄子）参加红军，全部牺牲，亲人们牺牲后，她仍然年年如期到将军岩挂红布，祝福红军打胜仗，得天下。牺牲的四人中有两名在册烈士，湘鄂边苏区革命烈士陵园中有他们的墓碑。

此外，还有另一个相似的红色故事：

二十世纪初，笔架山北麓蔡家屋场①人丁兴旺，先字辈出了兄弟姐妹七人：大哥先之，二哥先君，三弟先甲（小名蔡甲三），四弟先华（晚辈称蔡四嗲），大姐先桃，二姐先菊（又名先丛），幺妹先荷。俗话说"儿多母苦"，加上天灾人祸，导致蔡家一贫如洗，七人从小就过着节衣缩食的苦日子。后来大哥在周家铺安家，生了两个儿子，长子蔡德义，次子蔡德宏。

二妹蔡先菊和洪家湾的洪丕赐从小青梅竹马，相互爱慕，后来结为夫妻，组成了一个上无片瓦，下无寸土的贫穷家庭。婚后，他们寄居在杨家庄，靠租种杨家湾杨紫宸家的土地过着半饥半饱的日子。他们生了四个子女：长子洪振先，

---

① 屋场，即自然村，是指由一个或多个以家族、户族、氏族或其他原因自然形成的居民聚居点。

次子洪振秀，二妹洪阳春，幺妹洪雪梅。因无土地，靠租田课地谋生，每年交地租后所剩无几，一家六口吃不饱、穿不暖，热天睡斗篱，冬天睡壳叶洞，时常处于日无鸡啄米，夜无鼠耗粮的状态。人穷被人欺，他们常因杨家刁难而生活不下去，只好另找东家，后来又寄居到周家铺、洪家湾，先后租种了四五个东家的土地。贫穷的煎熬，何时才是尽头，他们夫妻一直苦盼着。

1928年初，夫妻俩听说桑植洪家关的贺龙将军带领红军，组织穷人成立农会，打土豪，分田地，要让穷人翻身过上好日子。夫妻俩似乎在茫茫黑夜中看到了曙光，于是两人商量蔡先菊在家带着孩子种地，洪丕赐到桑植投奔红军。为了追求美好生活，夫妻俩依依不舍地分开。没想到洪丕赐这一去便渺无音讯，再也没有回家。

1929年1月，贺龙率红军攻占了鹤峰县城，成立了县苏维埃政府，开展土地革命，创建了湘鄂边革命根据地。不久，红军来到关外，走马地区也成立了红色政权，传说变成了现实。在欣喜中，蔡先菊到红军中打听丈夫的下落，还是没有消息。丈夫没了，红军来了，蔡先菊把未来的美好生活完全寄托在红军建立的新生政权上。她积极响应红军号召，动员和支持自己的三弟蔡先甲和侄子蔡德义参加了红军，又和孩子们商量，让大儿子洪振先也参加红军。

1930年5月的一天，天刚蒙蒙亮，她就带着刚满14岁的大儿子洪振先爬上笔架山，来到杜鹃花映照的将军岩前，叫儿子面对将军岩许下"跟着贺龙走，永远不变心"的誓言，祈求将军岩保佑儿子平安，然后她便把儿子送到了红军队伍中。

洪振先当了红军，虽然年纪不大，但他不负母亲厚望，在部队积极工作，苦练杀敌本领，作战机智勇猛，不到一年，就提升为副排长。

1931年5月的一天，洪振先骑着一匹黑马，在一个红军战士的陪伴下，回到官仓村，看望母亲和弟妹，向母亲汇报一年来在红军中的情况。母亲看到长得高大壮实的儿子，听了儿子的讲述，十分高兴，弟弟妹妹们也欣喜若狂。一家人吃了一顿简单的团圆饭后，洪振先就恋恋不舍地告别母亲和弟弟妹妹们，跨上战马，急速返回部队。

第二天，蔡先菊又到将军岩旁，为当红军的儿子、三弟和侄子祈求平安，并在火红的杜鹃花上，系上一块特意准备的红布，许下红军常胜不败、红旗插遍山河的心愿。此后每年杜鹃开花的时候,她都会到将军岩挂红布,祈求平安。

洪振先于1932年跟随贺龙在宣恩椿木营的一次激烈战斗中壮烈牺牲,在这之前再也没有回过家,牺牲时年仅17岁。1931年,蔡德义也牺牲在湖南澧县。他们俩现在都安息在湘鄂边苏区革命烈士陵园。

三弟蔡先甲凭着一身武艺和一把锋利的单刀,跟随红军游击队转战到湘鄂边界,出生入死、浴血奋战、无往不胜,成为周边团防武装组织的心头之患,他们总想除掉蔡先甲。1932年8月的一天,蔡先甲趁着夜色,身背单刀,回到蔡家屋场,想看看父母。蔡先甲的父亲正在中坪为洪家做斋,他思父心切,也凭着艺高胆大,不听母亲劝阻,只身来到中坪。岂料团防武装组织早就布下眼线,设下埋伏。等蔡先甲一到做斋现场,一群早已被收买的儿时伙伴就"亲热地"围拢来,要请他抽鸦片,他说:"我从来不抽鸦片。"有人劝他尝一口,他说:"一口也不尝。"一计不成,有人又说:"大队长,听说你的单刀是一把宝刀,让我们看看。"边说边抽出蔡先甲的单刀,一群人见他刀已离手,便乘势一拥而上,将他五花大绑。蔡先甲自知上当,必死无疑,但毫无惧色,高声喊道:"要杀要剐随你们的便。20年后我又是一条好汉,还要当红军!"刽子手手起刀落,蔡先甲英勇就义。他的父亲蔡延品满含悲愤,将儿子葬在蔡家屋场旁的杉树堡上。但令人遗憾的是他的名字没有进入土地革命战争时期鹤峰县的烈士名录。

蔡先菊的四个亲人先后牺牲,她把这血海深仇埋在心底,只盼望红军早日回来,打倒土豪劣绅。此后,她一如既往,每年在杜鹃花盛开的季节,都要到将军岩挂红布,为红军祈祷。到将军岩祈福还愿的人们,看到杜鹃花上常年鲜艳的红布,纷纷效仿,都以在将军岩附近的树上挂红布的方式来表达自己的心愿。红布越挂越多、越挂越长,以致形成了现在将军岩山崖上一片红色的独特景观,使将军岩成为红色将军岩。将军岩上所挂的红布,则成了人们祈祷愿望实现的祝愿之布。

1949年,中国共产党建立了中华人民共和国,蔡先菊一家分得了房屋、土地,她含辛茹苦拉扯大的三个孩子,也分别成家立业、生儿育女,过上了幸福安宁的生活。饱经风霜的蔡先菊也成了人人喜欢的蔡婆婆。她时常对满堂子孙讲述苦难的家史,追忆逝去的亲人,要求后人知党的恩、听党的话,珍惜现在的好日子。县政府在她家的大门正上方挂上了"烈属光荣"的牌子,她也享受到烈士遗属的优抚待遇。

1967年,71岁的蔡婆婆含笑离开人间。

(二)红军桥

在流经官仓坪中的五龙溪上,有一座叫花灯桥的古老屋桥,桥头有一棵巨大的杨柳树,桥下是碧绿的水潭。这座桥是白果坪通往走马坪官道的必经之处,是过往行人避雨歇息、纳凉聊天的地方。

1928年至1932年,贺龙在走马坪一带组建革命队伍,组织贫苦农民打土豪分田地。官仓坪一批年轻农民踊跃加入农会,参加红军,跟着贺龙在花灯桥上来来往往,有时候还在桥上集会议事,使这个沉寂的乡村热闹起来。

陈六生是参加红军的年轻人中进步最快的一个。他1906年6月出生,1930年5月参加红军,不久就担任了湘鄂边联防司令部青年大队的大队长。

1932年7月,红军主力转移到五里坪,石门团防武装组织乘虚而入,突袭官仓坪。回家看望父母妻儿的陈六生被包围。他一人同众多敌人周旋,边战边退,准备翻过辛家界去五里坪。但终因寡不敌众,无法突破敌人的围追堵截,被敌人残忍地杀害,并挂在花灯桥的柱子上示众三天。他的父亲陈康泰三天后才把他的遗体收回家安葬。他牺牲时,他的儿子陈发魁刚满两岁。后来,陈发魁成家后,常回忆他父亲壮烈牺牲的往事。

中华人民共和国成立后,政府追认陈六生为烈士,民政部于1983年为其颁发了0206号烈士证书,其遗骸于2013年移葬于鹤峰县湘鄂边苏区革命烈士陵园。

古老的花灯桥虽已变成了鹤南公路上的钢筋水泥公路桥,但它见证了红军的功绩,沁染过烈士的鲜血,以前发生的红色故事仍在官仓村流传。

花灯桥是一座名副其实的红军桥!

(注:由彭运书、唐三姐、陈发魁的遗孀涂菩秀,以及赵柏国、陈发书等口述。)

走近

革命旧址集聚村
——红岩坪村

红岩坪村隶属于鹤峰县中营镇,是一个革命老区村。1929年至1933年,贺龙元帅率红三军多次到红岩坪村,开展长时间的革命斗争,至今在红岩坪村还保存有多处革命旧址和遗址。

红岩坪村概貌

一、村落概况

红岩坪村位于鹤峰县中营镇西部，距镇政府22千米，距鹤峰县城48千米，海拔高度为1300—1650米，包括陈家湾、龟坪、边坪、赵家台、分水岭、下坪、康家湾、板栗树坪、水窝盔、腰坪、红岩坪、汪家湾、二冲等自然村落。截至2019年末，全村下辖9个村民小组，共404户1973人，村民中土家族、苗族、蒙古族等少数民族占总人口的65%，汉族人口占35%。

红岩坪村总面积为35213亩，其中林地面积为27245亩，耕地面积为6249亩。该村过去以玉米、土豆为主要产业，现在以烤烟、高山蔬菜种植为主，年种植烤烟面积达4000亩以上，中药材面积为1350亩，高山蔬菜面积为3300亩。

该村地势平坦,过去多以低矮的木房为多,冬天烧木柴取暖。现在多数已为砖房,部分人烧煤取暖或用电取暖,亦有人烧柴或烧炭取暖的。红岩坪村的物产主要是玉米、土豆、黄豆、药材等。现在产业结构调整后,红岩坪村为鹤峰县的烤烟主产区。

二、革命旧址

(一) 中共湘鄂西中央分局警卫团旧址

彭家湾吊脚楼的修建年代应为清朝末年。1933年,此为湘鄂西中央分局警卫团驻地,作为革命旧址,保存至今。1933年3月20日至7月22日,中共湘鄂西中央分局警卫团(又称铁壳队),驻扎在今红岩坪村的前湾彭福初屋场。这是一个关押审讯所谓"改组派"的地方。有许多革命同志如王炳南(红三军九师参谋长)、叶光吉(红三军七师师长)、盛联钧(红三军七师政委)等,在此

彭家湾吊脚楼

关押后被杀害,给革命带来重大损失。有许多革命同志如贺炳炎(上将,湖北松滋人,后任原成都军区司令员)、黄新廷(中将,湖北洪湖人,后任中国人民解放军装甲兵司令员)、杨秀山(中将,湖北洪湖人,后任中国人民解放军后勤学院党委书记)、王尚荣(中将,湖北石首人,中国人民解放军副总参谋长)、贺彪(少将,湖北江陵人,后任解放军原总后勤部副部长)、朱绍田(少将,湖南桑植人,后任中国人民志愿军铁道兵师政治委员)、刘林(少将,湖北仙桃人,后任江苏省军区副司令员)、谷志标(湖南桑植人,后任四川省人大常委会副主任)等同志,经贺龙营救出来,以后成为我党、我军的骨干力量。

(二)中国工农红军第三军军部旧址

赵家新屋赵汉周家,因其是中国工农红军第三军军部旧址而得到保护。1933年3月20日,红三军在贺龙、关向应同志的率领下,从金果坪率红七师、红九师近8000人,迁到红岩坪村,军部设在赵家新屋赵汉周家,直到1933年7月22日红军转移为止,历时4个月零2天。在此期间,贺龙、关向应等人团结广大指战员,克服了重重困难,为巩固和发展红军、保卫苏区做出了贡献。

中国工农红军第三军军部旧址(图片来源:鹤峰县文化遗产局)

（三）中共湘鄂西中央分局旧址

邓家新屋场邓昌杰家吊脚楼，因其是湘鄂西中央分局旧址而得到保护。1933年3月20日，中共湘鄂西中央分局机关迁至邓家新屋场邓昌杰家（并设有电台），1933年7月22日转移。

（四）军长田

1930年2月，贺龙第三次来到红岩坪村，他在紧张的战斗、工作之余，曾亲自在这块田里耕种。他提倡精耕细作，并亲自动手，将只能耕三四寸深的犁，改装成为能耕四五寸深的犁。从此，这里的犁都像贺龙做的那样，深装两寸。群众亲切地称贺龙劳动过的这块田为"军长田"。

军长田石碑

（五）湘鄂边各县苏维埃代表大会会址

中共湘鄂西中央分局于1933年4月8日至4月10日，在今红岩坪村村委会所在地召开了湘鄂边各县苏维埃代表大会，参会代表有巴东、长阳、宣恩、恩施、建始、鹤峰等县的100多人。会上，贺龙军长讲话，学习中华苏维埃共和国政府公布的《土地法》，动员群众组织起来支援红军。会后，中央分局和红三军政治部组成工作队到恩施、建始、巴东等县清江以南的广大地区，建立苏维埃政府，开展土地革命运动。

湘鄂边各县苏维埃代表大会会址

（六）红三军枪炮局旧址

1933年3月20日至7月22日，红三军枪炮局从邬阳关的陈家棚，迁到今红岩坪村的赵正松屋场。全局有技术工40多人，运输骡马50多匹，脚踏车床1台、手摇钻床1台、虎钳14台、砂轮2台、铁炉1个，局长由军部经理部处长陈策兼任。在极端困难的条件下，修旧利废、修理枪炮、制造子弹，为支援前线作战做出了贡献。原来的房屋有6间，现在仅剩正屋2间。

红三军枪炮局旧址

（七）红三军医院旧址

1933年3月20日至7月22日，红三军医院设在今红岩坪村的赵家台赵正湘家里，主要接收鹤峰、宣恩、巴东一带作战负伤的红军和游击队员。红三军医院有医务所、伤兵连、病兵连、担架连，共计100多人。医务所所长贺彪，伤兵连连长王胜林。医生有于铁、王昌进、张继人等10余人。

红三军医院旧址

红三军医院旧址原来为一正六柱五骑六扇，2间横屋为五柱四骑，各3栋吊脚楼，共有12大间房屋，可隔成24小间。现在仅剩正屋1间，而且被四周新砖房紧紧围着。

（八）红三军被服厂旧址

1933年3月20日至7月22日，红三军被服厂设在今红岩坪村的尹家屋场朱德庆家中，有缝纫工50余人、染工11人，有3口大染缸，将白布染成米色，全部是手工操作，主要任务是给红军、游击队做衣服和裹腿。

红三军被服厂旧址

（九）红四军枪炮局

1929年5月，中营区苏维埃游击大队长李斐然在今红岩坪村二冲的大山中最早办起枪炮局，有30多名工人，主要是造土枪、土炮（又叫窝子炮）、大刀和梭镖，造出的土炮的射程为1华里①。

红四军枪炮局旧址

（十）鹤峰县第八区苏维埃政府遗址

鹤峰县第八区苏维埃政府遗址，与湘鄂边各县苏维埃代表大会会址为同一地址，位于今红岩坪村村委会所在地。1929年12月，中共鹤峰县委委员、县苏维埃副主席易发琛到麻水（今红岩坪村）组建鹤峰县第八区苏维埃政府（又称农民协会），赵正甲任区特派员、田秀武任

鹤峰县第八区苏维埃政府遗址

主席。其后又相继建立了麻水、官扎营、岩屋冲、中营坪、梅果湾、黍子坪等乡苏维埃政府和党、团支部，以及游击队、赤卫队、妇女会、儿童团等革命组织，领导全区各族人民进行土地革命斗争，为巩固和发展湘鄂边苏区做出了重要贡献。

---

① 1里（华里）= 500米。

现在的红岩坪村村委会就建在原来的鹤峰县第八区苏维埃政府遗址之处。1933年3月，红三军回到鹤峰县后，同月在麻水第二次建立了苏维埃政府，政府设在康家湾，担任苏维埃正副主席的有卓耀廷、兰卜典、宋华金等人，一直坚持到1933年7月22日红军转移为止。这里地势较高，属军事战略要地，贺龙多次来康家湾召开军事会议和安排伤病员转移事宜，这里的战壕和练兵场至今仍保存完好。

（十一）摆布塘

1933年3月至7月，红三军被服厂设在今红岩坪村的尹家屋场朱德庆家，有染缸3口，染工11人，缝纫工50余人。将布放进染缸，浸泡3至5天后，再用清水漂洗，晒干后方可做服装。由于此处缺水，于是染工将布挑到摆步凼清洗，贺龙军长看到后，将摆步凼命名为摆布

摆布塘

塘。2012年初，省"三万"① 工作组、中南电力设计院投资60万元，将摆布塘维修、改造、扩大为红色旅游景点，并在四周修建休闲亭。

三、民间歌曲

红岩坪村的民间歌曲是该村非物质文化遗产的代表，具有典型性，也是村民所普遍喜爱的民间艺术形式。如麻水穿号儿，麻水穿号儿玄妙之处在于穿。如其中一首《同天共日头》：

四句号

郎在荆州府，姐在酉阳州，

虽然隔得远，同天共日头。

---

① "三万"活动是中共湖北省委、省政府开展的以农村发展为主的活动，即"万名干部进万村入万户""万名干部进万村挖万塘""万民干部进万村洁万家""万民干部进万村惠万民"。

五句歌

峨眉月儿两头尖，

相交二姐在四川，

又隔黄河三道水，

又隔峨眉九重山，

相交一回难上难。

关键在于演唱时的穿，将歌词串得要贴切，否则，就不叫穿号儿。

领：峨眉月儿两头尖。

穿：郎在荆州府。

领：相交二姐。

穿：姐在酉阳州。

领：在四川。

穿：同天共日头。

领：又隔黄河三道水。

穿：郎在荆州府。

领：又隔峨眉山。

穿：姐在酉阳州。

领：九重山。

穿：同天共日头。

领：又隔峨眉九重山。

穿：郎在荆州府。

领：相交一回。

穿：姐在酉阳州。

领：难上难。

穿：同天共日头。

凡用于穿号儿的五句歌，均用在第四句与第五句之间，再重复第四句作衬句，使五句单数补充成双数，凑成对称的三环，便于穿号儿。

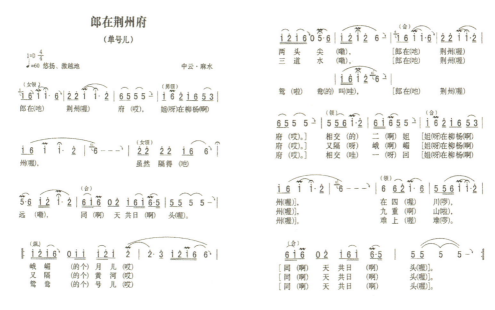

《郎在荆州府》乐谱

穿号儿：将四句号子穿到五句歌中去。演唱时，先喊号子，再唱五句歌，随之将号子的一、二、四句分别穿插到五句歌内。穿号儿里面又有单号儿、双号儿、单号儿搭桥、双号儿搭桥和扯炉腔之分，以下择要介绍。

单号儿：用五字四句的号子穿一首七字五句歌的称单号儿。

双号儿：其号子的第三句为七字句；对五句歌穿唱了两句后，又插进一首加强意境和情趣的五句歌，使后续的歌唱更有趣味。

单号儿搭桥：在单号儿的号子后面插入一段韵白后，再引出五句歌的穿唱。

四、代表人物

（一）革命烈士

黄文定，生卒不详，中营镇红岩坪村人，是农民自发斗争的组织者。当全县各族人民在国民党反动派统治下，陷于水深火热之中时，人们为了生存，展开了反迫害、反剥削,反苛捐杂税的斗争。1921 年 7 月至 8 月,红岩坪村遭受水灾,穷苦百姓口粮不够,便以草根、树叶充饥。土豪劣绅趁机敲诈勒索,放债夺田。红岩坪村贫农黄文定邀了 30 多个农民,自称"背篓会",冲到土豪田易寿、王瑞惠、周南昌家中理直气壮地对土豪劣绅说:"我们是来拿玉米的!你们吃得,难道我们吃不得?"他们打开谷仓,把粮食分给穷苦百姓度荒。土豪们扬言要告状,黄文定抢先跑到县衙门对县知事说:"我替田易寿开了三四亩水田,他不给饭吃,是我拿了他的玉米,要捆要打由你们!"县知事看到灾民激愤,害怕引起更大骚动,于是并未处理。此后,在其他地方不断发生灾民抢粮和抗捐抗税事件。

康玉堂,1908 年出生于鹤峰县中营镇红岩坪村。1929 年参加革命,任鹤峰县第三游击大队副大队长,1933 年在红岩坪被团防武装组织杀害,年仅 25 岁。

康绍元,1911 年出生于鹤峰县中营镇红岩坪村。1929 年参加革命,曾任红三军独立团连长,1931 年在松滋县(今松滋市)金鸡山不幸牺牲,年仅 20 岁。

罗玉林,1902 年出生于鹤峰县中营镇红岩坪村。1930 年参加革命,任鹤峰县第八区苏维埃政府秘书,1931 年被团防武装组织杀害,年仅 29 岁。

彭玉林,1904 年出生于鹤峰县中营镇红岩坪村。1932 年参加革命,任鹤峰县第八区中营乡苏维埃政府主席,积极带领群众和游击队,打击土豪劣绅和反动武装。1933 年在赵家台与敌人作战中牺牲,年仅 29 岁。

董学廷,1913 年出生于鹤峰县中营镇红岩坪村,1929 年参加革命,为游击队队员。1930 年在第一次与团防武装组织作战时牺牲,年仅 17 岁。

罗玉光,1893 年出生于鹤峰县中营镇红岩坪村,1930 年参加革命,任鹤峰县苏维埃政府秘书,兼县第三游击大队秘书,1933 年 10 月在湖南石门被敌杀害,时年 40 岁。

赵正甲,鹤峰县中营镇红岩坪村人,全家五人参加革命。1929 年至 1932 年任中共鹤峰第八区党支部书记,对党忠诚,作战勇敢,1933 年春不幸病逝。

钟朝科,1891 年生于鹤峰县中营镇红岩坪村,1929 年参加革命,任鹤峰县第八区苏维埃政府土地委员,1931 年 6 月在与团防武装组织作战时牺牲,时年 40 岁。

（二）典型人物

赵月如，生于 1913 年，1985 年去世，中营镇红岩坪村人。土地革命战争时期，他跟随父兄，投身革命，16 岁参加赤卫队，19 岁任游击支队队长。多次参加苏区反"围剿"战斗，1933 年苏区丧失后，他辗转于湘鄂边，之后，他积极参加清匪反霸、土地改革和农村合作化运动。二十世纪七十年代初，他带领群众垦荒，创办集体药材场，带病坚持劳动，常常跪在地里种药，因地制宜发展多种经济，走共同致富道路。由于工作成绩突出，他多次被评为县、区（公社）劳动模范，1984 年被推荐为县政协委员。

洪家祥，生于 1950 年，2004 年去世，土家族，大专文化，中营镇红岩坪村人。1969 年 5 月参加工作，在麻水卫生所当上一名赤脚医生。1971 年被原麻水公社推荐到湖北中医学院（现湖北中医药大学）读书，1974 年毕业回到麻水公社工作，1976 年调到鹤峰县药监所（现鹤峰县药监局）工作，2002 年 1 月，他任职于鹤峰县食品药品监督管理局。2003 年确诊患急性白血病，2004 年 9 月病故。洪家祥曾被湖北省卫生厅（现湖北省卫健委）表彰为全省先进工作者，被恩施州卫生局（现恩施州卫健委）表彰为优秀药品监管员，被恩施州食品药品监督管理局（现恩施州市场监督管理局）表彰为先进工作者，曾荣获恩施州政府科技成果三等奖，县政府科技成果三等奖。洪家祥对中草药鉴别有独到之处，数十年深入深山野谷采集中草药标本，先后发现了分布在鹤峰境内的三个植物新品种——鹤峰铁线莲、疏花开口箭、云南红景天变种。其中，鹤峰铁线莲是在全国最先发现的一个铁线莲新品种,因此在中国植物学上就冠以"鹤峰"命名。他编著的《鹤峰县中草药名录》有 30 多万字，收录中草药品种达 2088 种。

容美土司爵府
——屏山村

屏山村隶属于容美镇，村落历史悠久，风景秀美。2006年，该村的容美土司遗址被列入第六批全国重点文物保护单位。2009年，该村被评为湖北省旅游名村。2019年，该村入选住房和城乡建设部、文化和旅游部等部门联合公布的第五批中国传统村落名录。因明清时期容美土司在该村建有土司爵府暨行署，故屏山村又被称为土司爵府。

一、村落概况

屏山村位于鹤峰县容美镇东北部,距容美镇人民政府5千米,东与燕子镇新寨村毗邻,南接容美镇唐家铺村,西邻容美镇庙湾村、观音坡村,北连下坪乡二等岩村、上村村,东北与燕子镇朝阳村接壤。该村以土家族、苗族为主。截至2019年末,全村下辖10个村民小组,365户,户籍人口1408人,常住人口866人,主要姓氏有田氏、向氏,共210户803人,分布在各个小组。屏山村耕地面积为5506亩,林地面积为26325亩,岩壳地面积为1367亩。村民主要经济收入来源:一是种植玉米、土豆、烟叶等,二是养殖猪、鸡、羊等,三是外出务工。

容美土司古称容米,又称柘溪,是容米部落的后裔。"容米",据土家族语言学家考证,为古土家族语"妹妹"的意思。由此可推断,容米部落是一个以女性为首领的部落,或者说是一个古老的具有母系氏族社会遗存特点的原始部落。这个部落是古代巴人廪君种的一支,最早出现在长阳县资丘镇附近清江南

屏山村概貌

岸天池河口的容米洞。之后，容米部落沿天池河而上，从五峰逐步深入到鹤峰一带，建立了第二个容米洞，史书称之为"新容米洞"。他们在这里繁衍生息，直到元至大元年（1308年），史书上始有记载。容美土司爵府位于容美镇屏山村。

屏山地势

明万历年间，屏山村属容美土司管辖。清朝初期，属容美土司管辖。清雍正年间改土归流后，为屏山保，属兴仁乡（东乡）元长里管辖。1912年，属元长乡（驻地城关）管辖。1929年鹤峰县苏维埃政府成立，为屏山乡，属一区（驻地城关）管辖。1934年，属一区（驻地城关）管辖。1941年废联保设乡，为中屏山保，属县辖容美乡管辖。1950年，废旧制改保为村，中屏山保改称屏山村，属一区（驻地城关）管辖。1953年，为屏山乡，属二区（驻地燕子坪）管辖。1956年，属城关区管辖。1958年，人民公社化，屏山大队，属城关公社管辖。

1960年，恢复区建制，属燕子区新寨公社管辖。1975年撤区并社，属新鹤公社新鹤管理区管辖。1984年恢复区乡行政区划，屏山大队改称屏山村村民委员会，属城郊区新庄乡管辖。1996年，城郊区与容美镇合并，属容美镇新庄乡管辖。1997年，撤区建乡，属容美镇新庄管理区管辖。2001年撤销管理区，属容美镇管辖至今。

屏山村位于鹤峰县城东北，地势北高南低，南北长近20千米，中部东西宽不到5千米。境内著名景点三姊妹尖海拔1973米，平均海拔1175米，土地肥沃，地势相对平坦，四周峰峦与河谷底部高差较大，坪坝与大山交织，峡谷与流水相映，整体外形犹如一艘巨轮。屏山村属亚热带季风气候，雨量充沛，年降雨量为1800毫米左右，年均气温为14℃，无霜期达220天以上。该村自然地理条件优越，植被覆盖率较高，野生动物较多。

屏山美景

屏山村的四周是多处悬崖峭壁连成的天然屏障，四面环水。屏山村与外界的通道只有四条，东为躲避峡，西为挂巴岩，南为铁锁桥，北为"七丈五"，四处都是异常险峻的峡谷，路皆修在悬崖绝壁之上。屏山村地形地貌奇特，整体呈狭长弧形地势，北高南低，最窄处仅七丈五尺。全村最高海拔为1973米（三姊妹尖），最低海拔为432米（黑龙渊），境内分布着99座山峰，山体形态变化多样，四周峭壁耸立，溪流环绕，形成罕见的峡谷和地缝风光。植被垂直分布变化多样，自然风光奇特优美。

躲避峡

屏山被溇水峡和躲避峡所夹峙，山涧幽深，地形险要，仅以铁锁桥和跥步桥与外界连通。而铁锁桥是屏山最险处，架于两崖之间，似在天中，又叫天心桥。跥步桥则在躲避峡谷之中与燕子镇新寨村相通，在石桥的拱圈顶部长有一棵两人合抱的古楠树，堪称奇观。

二、特色民居

屏山村传统建筑较多，分布在全村各个小组。这些建筑于容美土司时期逐渐形成，现保留有近300栋土家族特色吊脚楼。土家族大都居住在山坡陡岭，由于地势关系，住房多采用吊脚楼形式，飞檐翘角、四角扳爪、弧形望板，住宅的两端立有四根木柱，沿着山坡的走向搭成木架，在与正屋地面平齐的高度上搭横木，盖上木板，三面装半装台的板壁或木走廊，以草或杉树皮作屋盖，楼下四面皆空，可用作堆积肥料，也可以临时拴牲口。楼上一般是女子做鞋、绣花或乘凉的地方。吊脚楼通风防潮，阳光充足，深得土家族人喜爱，是土家族地区具有重要特色的建筑之一。

吊脚楼为土家族人居住生活的场所，多依山就势而建，呈虎坐形，为三合院。讲究朝向，或坐西朝东，或坐东朝西，或坐北朝南，亦有坐南朝北，因山向地势而异。正房有长三间、长五间、长七间之分。大户、中户人家多为长五间或长七间，小户人家一般为长三间，其结构有三柱二骑①、五柱四骑、七柱六骑几种。中间的一间叫堂屋，是祭祀祖先、迎宾客和办理婚丧事用的。堂屋两边的左右间是"人住间"，各以中柱为界分前后两小间，前小间作火房，有2眼或3眼灶，灶前安有火铺，火铺与灶之间是3尺见方的火坑，周围用3至5寸②的青石板围着，火坑中间架"三脚"③，煮饭、炒菜时用来架鼎罐和锅。火坑上面一人高处，是从楼上吊下来的木炕架，可用作烘腊肉和炕豆腐干等食物。后小间是卧室，卧室为防潮都有地楼板，父母住左边，儿子儿媳住右边。兄弟分家，兄长住左边，小弟住右边，父母住堂屋神龛后面的"抢兜房"或叫"退退儿房"。

特色民居

土家吊脚楼主要有四种基本形态：

(1) "一"字形，三开间吊一头的"一"字形屋，这种是吊脚楼的最基本的形态。其开间按"一"字形横向排列，造型朴素，简洁适用。

(2) "L"形，如一竖一横的钥匙头，此类住宅以"一"字形正屋为主体，在一头尽端，向前加一至二间厢房，其平面造型如钥匙。

(3) "凹"字形，亦称"双吊式""三合水""撮箕口"，这种形式的吊脚楼是在"一"

---

① 骑为不落地的柱子。
② 1寸≈3.33厘米。
③ 三脚为一种支撑架。

字形正屋的左右两边各建一对厢房,形成三面闭合一面见天的形态。

(4)"口"字形,亦称"四合水",即围绕天井布置一个四面封闭的宅院。

"凹"字形吊脚楼

三、文化遗址

屏山村拥有优越的地理位置、奇特的地形地貌和浓厚的文化底蕴,无论从历史文化、民俗风情,还是自然风光、生态环境等方面来看,都蕴藏着丰富的生态旅游、民俗旅游、红色旅游资源。自然风光包括峡谷、地缝、溶洞、山岳、峰群、河流等不同类型,人文景观包括历史古迹、近代史迹、社会风情等不同类型,人文产品包括工艺产品、土特产品等不同类型。屏山村是典型具有综合性、鲜明性和独特性的地方。容美土司时期,曾有多位土司的爵府设立于此。清康熙四十三年(1704年),应当时土司的邀请,诗人、旅行家、戏曲家顾彩曾在此居住半月之余。2006年,容美土司遗址被国务院列为第六批全国重点文物保护单位,其朝代为明至清,属于古遗址类。

(一)容美土司爵府遗址

屏山位于黑龙渊与溇水河的交汇处,一直是容美土司的大本营。自明朝万历年第十一代(第十五任)土王田楚产起,先后有多位容美土司在这里行使管辖领地之权。容美土司在下屏山建有爵府群落,在屏山右侧绝壁上的万全洞内建有藏书之所,在中屏山旧街建有行署,在屏山左侧的躲避峡建有关东古城墙,在上屏山尾部的"七丈五"建有土司城。改土归流时,末代土王田旻如自缢在万全洞内,结束了容美土司的历史。土地革命战争时期,屏山是红二军、湘鄂边独立团、鹤峰游击大队的重要战略后方,旧街是湘鄂边苏区规模最大的红军后方医院。

屏山容美土司爵府遗址之烽火台

屏山爵府遗址是遗留下来的一处容美土司遗址。相传，容美土司曾在此繁衍生息 400 多年，在楚蜀诸土司中最为富强。田氏土司世袭相承，在此修建了规模宏大的爵府建筑群。屏山爵府遗址已经成为最具有代表性的容美土司遗址。向国平先生在《平山爵府寻古》中告诉我们：爵府，始建于明朝，为土司田楚产（田舜年之曾祖父）所建。屏山爵府遗址中的爵府约为 1200 平方米，尚存司署、街道、大堂、中堂、"山高水长"摩崖石刻等建筑遗迹。容美土司田姓是因其先祖之名"墨施"在土家语中有天王或首领之意，后随其自身文化逐步与汉文化交融，故由墨到天，再由天到田，这就是容美田氏的来源。从第一代土司田墨施什用（元至大三年（1310 年）被授予黄沙寨千户），到末代土司田旻如，容美土司共传承 15 代 23 位。据爵府石碑记载，从田楚产（第 15 任容美土司）筑城建署至末代土司田旻如，经过 8 世的经营，爵府颇具规模且日益完备，这对我们如今研究容美土司时期的政治、军事、经济、文化等都具有重要的意义。

（二）小昆仑九峰读书台

小昆仑九峰读书台位于容美镇屏山爵府遗址东南，山高仅 40 余米，山顶曾经建有佛寺，占地面积不足 100 平方米，四周悬崖，仅有一条小路盘旋直通山顶佛寺，此地为容美土司田舜年闭门读书写作之地，故又称"九峰读书台"（田舜年号九峰）。容美土司田舜年在康熙年间，居小昆仑等处，读经博史，著书立说，先后编著《容阳世述录》《二十一史纂要》，创作剧本《古城记》《许田涉猎传奇》，将先辈田九龄、田宗文、田玄、田圭、田霈霖、

通往山顶佛寺的盘旋小路

田既霖、田甘霖、田商霖及自己9人的诗歌收录编纂为《田氏一家言》。这里也是容美土司同众多汉族诗人文士交流的主要场所。

（三）土司戏楼

位于容美镇屏山村铁锁桥与爵府之间的孤岛旁，有一座小山，小山前一小台地，台地西侧有高约4米的两巨石并立，巨石其间相隔不足10米，其中一巨石上摩崖石刻"山高水长"四个大字，相传为田舜年亲笔。高出地面3米处有人工凿的石阶，为戏楼舞台的面板铺设接口。土司及百姓在台地观看演出，两巨石间的舞台背景为溇水大峡谷及远处的爵府。田甘霖、田舜年、田炳如都是戏剧爱好者，田舜年还曾亲自创作2部戏剧。田舜年尤其爱好孔尚任的《桃花扇》，招待客人时必令人演《桃花扇》，即使在朝廷禁演《桃花扇》后，此戏楼仍会演出该戏。著名文人顾彩来容美游历屏山时曾与田舜年在此戏楼讨论、排演顾彩

土司戏楼遗址

创作的《南桃花扇》，此戏楼成了见证土家族与汉族文化交流的重要依据。

（四）铁锁桥

铁锁桥位于屏山黑龙渊两岸岩壁之间，原名天心桥，亦名南关桥。高百余米，明万历年间由土司田楚产修建，为楠木架梁风雨桥。史载土司时代，曾在桥的两端筑垒屯兵驻守，设置铁皮包的厚门且上大铁锁，故称铁锁桥。后于清康熙年间和道光年间历经几次维修，至1931年被烧毁。中华人民共和国成立后，于1958年重修，1970年改建成现在的公路桥。

（五）后街

后街是容美土司田舜年建的行署，也叫旧街，但也有人说本应叫新街，因为与爵府比较，后街应该建得晚一些。爵府是田楚产营建，而后街则是田舜年

后街上的红军后方医院旧址

构筑万全洞时所建的。如果没有万全洞,就没有后街。后街有城门,据村中老人介绍说,古城门很宽,门楣是拱形,宽5尺,高8尺,两边的门柱是1尺多厚的巨型麻条石。城门在二十世纪六七十年代被毁,城门的麻条石被拆去砌了梯田的保坎。后街的街道平坦而修长,现仍有数百平方米的青石板铺就的街道遗迹存在。据当地老百姓说,街道原来都是由石板铺成的,后来人们为了多种粮,便将那些石板取出来砌成坎,改造出一些平整的农田。

(六)万全洞

万全洞为清中叶容美土司田舜年营建的兼有军事机构、藏书、游乐等多种功能的洞府。该洞石壁上有《万全洞记》:平山之麓有万全洞焉。自非排空驭气,穿崖壁破石,罕得与全境相通。而九峰先生一朝得之,以为藏书之府,不亦快乎!这一段摩崖石刻为著名文人顾彩所书。因题词是在一

万全洞

个阴雨绵绵的时节,朱砂红写上去因石壁上的水而褪色,故石匠打凿时仅剩下近五十个字。后面应还有若干内容,但经雨水冲刷,一片模糊,现在已变成了历史的空白。

四、乡风民俗

(一)节日习俗

1. 正月节俗

1)出天行

守岁后,时间跨入新的一年,正月初一天刚亮,马上到堂屋开大门(开财门),

一边开一边说"初一财门开,金银财宝滚进来"。同时,将鞭炮挂在大门前点燃"出天行"。从正月初一到正月十五,晚辈要给长辈拜年。

2）不打生米火

正月初五是五谷菩萨的诞辰,这天会吃前一天准备好的饭菜,不生火做新鲜的,否则得罪五谷菩萨,就可能影响收成。

3）请七姑娘

正月初九,男女聚到桂花树下,唱欢乐的歌请天上的七姑娘下凡来看看人间的生活,祈祷这一年一切顺利。

4）闹元宵

很早以前,这里就有在元宵节耍龙灯、舞狮子、划彩龙船、打花鼓的习俗。

5）送"猪脑壳"

人们在腊月三十晚上选一根很粗的柴,这根柴要烧到正月十五,剩下的那截就叫作"猪脑壳",然后人们将其送出去,以祈祷来年五谷丰登。

6）"赶毛狗"

搭毛狗棚的主要是小孩,也有大人参与。正月十五吃过早饭后,各家各户的孩子聚集在一起,开始准备搭毛狗棚。搭毛狗棚的材料主要是树枝、玉米秆、竹子和杉树枝等一些燃烧时能发出声响的材料。砍竹子时很有讲究,最主要的是不能使其破损,这样能保证竹子在燃烧时尽可能炸得响。材料准备齐全后,便开始搭建。毛狗棚的搭建很简单,先在地上固定一个三角支撑架,在里面放一些易燃的物质,然后往上面搭材料,一定要留一个"门","门"的方向就是毛狗被赶出去的方向。天一黑,人们全都聚集起来点燃毛狗棚,一方开始围着火堆叫喊"赶毛狗,赶毛狗,赶到××家灶门口……",这时,对方也开始叫喊"赶毛狗,赶毛狗,赶到××家屋后头……"。对峙两派的喊声在山谷回荡,一直喊到火熄灭为止。

7）送水饭

正月十五是一个大节日,为了家人一年里平安顺利,要送水饭,进行祭祀,祈祷生病的人迅速好起来。送水饭一般在傍晚或入夜以后进行,并且不得有生人来往，还要进行祷告。

2. 土地神诞辰

农历二月初二是土地神诞辰，家家户户都会到土地庙前祭拜，祈求家庭幸福、五谷丰收。

3. 花朝节

农历二月十二为花朝节，女性多在这天用花椒叶子按摩耳垂来进行麻醉，然后打耳洞，农户则在这天给牛鼻子穿环。

4. 清明节

清明节的前三天和后三天，后人提着"清明吊"（五颜六色的纸做成各种灯笼、花串、水果等形状的东西）到祖先的墓地，找一根小树枝插在墓的后方，将"清明吊"挂在枝上，并进行祭拜，祈求祖先保佑。这天，还要将家中已出嫁的女性接回来，吃"清明饭"。

5. 涂雄黄

"三月三，蛇出山"。自这天起，沉睡了整个冬天的蛇醒来了，人们到野外劳动时，尤其要小心，腿上、脚上要涂点雄黄，衣袋里往往也会装一点。

6. 牛王节

农历四月初八为牛王节，这天要犒劳耕牛，让它歇息，喂它吃煮黄豆、蔬菜等，以感激牛的辛勤耕耘。

7. 端午节

早年，在农历五月初五端午节里，人们只是将艾蒿、菖蒲分别扎成两把，挂在大门上辟邪、避毒，再喝雄黄酒；在房前屋后洒雄黄酒，防蛇；晚上用艾蒿、枫藤、金银花等煮水洗澡。吃粽子的习俗据说是湖南人迁移到此地后才有的。

8. 晒龙袍

相传在农历六月初六，有一位土司英勇抗敌，但最终因寡不敌众而战死沙场，血溅其衣，人们为了纪念他而晒衣凭吊，以示敬意，名曰"晒龙袍"。后来，家家户户都会把衣服、被子等翻出来晒，希望一年不生虫。

9. 月半节

每年的农历七月十二是土家族的月半节。这是一个以祭祀为主的节日，人们十分看重这个节日，称"年小月半大"。那天，要请已出嫁的女性回来"过月半"，做一桌子好饭菜先祭祖，然后全家人再吃。

10. 中秋节

农历八月十五为中秋节，人们要吃月饼、赏月、摸秋。摸秋即在晚上悄悄到地里摘取成熟的瓜果等送给自己喜爱的人，寓意丰收和幸福。

11. 重阳节

农历九月初九为重阳节，人们会登高远望、赏菊、看望年老的长辈。

12. 寒婆婆打柴

农历十月十六是"寒婆婆打柴"的日子。相传，这天下雨，打柴失败，冬天则晴暖天居多；如果这天是晴天，打柴成功，那么冬天则雪天居多。

13. 祭祀太阳

以前人们会在农历十一月十九这天焚香祭祀，感谢太阳照耀之恩，但现在这一习俗在此地已基本消失。

14. 过小年、过大年

一是祭灶神。腊月二十三，家家户户都要把厨房打扫干净，特别是灶台。晚上，人们将茶叶、五谷、核桃、板栗、花生等分别放在盘子里，放在灶台前，点一盏清油灯并放在锅中用筛子盖住，点三炷香插在灶头上，然后双手合十进行祈祷。

二是腊月二十四过小年，全家团聚，晚餐尤为丰盛。

三是打扬尘。全家老少一起上阵，人们从竹园里砍来一根长长的竹子，绑上扫帚来打扫楼顶、四周板壁等，将各个角落彻底打扫干净。然后人们会把扬尘小心翼翼地用一个大口袋装起来，作为来年种辣椒的肥料。据说，将这种扬尘洒在辣椒根部，辣椒不长虫。扫扬尘也表示扫去一年的劳累，扫走一年的晦气和不如意。

四是塌磨眼。要将石磨眼用物件盖严实。

五是洗邋遢。腊月二十八，妇女会将全家的衣物等洗得干干净净，晚上，人们都要洗澡。

六是腊月三十过大年，是最隆重的节俗。一到腊月，人们就开始赶场忙年货等。人们相见时说得最多的一句话就是"年忙齐了吧"。

15. 吃团年饭

到了腊月三十那天，人们会将所有的好菜好酒都摆在桌上，先祭祖，然后燃放鞭炮，一家老小坐下来慢慢地吃。吃饭时不允许泡汤，饭泡了汤，可能来年生产兴工时会遇雨天，一些事做不成。晚上在堂屋里焚香祭祖祈求全家平安等。

16. 守岁

土家族特别讲究"三十的火，十五的灯"。腊月三十晚上火坑里的火要烧得最旺，还要将一根最大、最结实的柴放在火坑里做"猪脑壳"，"猪脑壳"不能用火钳敲打。如果敲打了，来年喂的猪可能会不听话、啃猪栏等。全家人要坐在火坑周围聊天守岁。

17. 送亮

从旧年腊月三十到新年正月初三，各家各户晚上都要给祖坟送亮，即在祖坟前点一支蜡烛并焚香。正月初九和正月十五元宵节这两天同样也要送亮。

（二）喜庆习俗

喜庆习俗有很多，且乡土味浓厚。主要有婚庆习俗、寿诞和生育习俗、修建习俗等。

1. 婚庆习俗

虽然结婚是人们心中较隆重的事情，但是有些程序随着社会的发展，如今部分习俗逐渐淡化甚至消失。例如，跨火盆、拦门礼、挑喜担、陪十姊妹、哭嫁等，只在部分地区偶尔可见。而请媒人、看廊场、认亲、求喜、看期与定期、过礼与开盒、娶亲、移柜、辞祖与发亲、拜堂、接风与安席、告祖、闹洞房、拜茶、送上亲、回门等还在延续。

1) 请媒人

男方看上哪家姑娘后，要请能说会道、品行好的人做媒，男方给媒人送些礼物，并带着礼物和媒人一起去女方家提亲探口风。女方若有意，则同意开亲，并约定日子看廊场。整个过程由媒人牵线搭桥，在双方父母主持下进行。

2) 看廊场

看廊场也叫过门，是男方在约定的日子里，由媒人陪同，带上糖食、糕饼、酒肉等请女方及其亲人如哥嫂、弟妹、姨妈、婶娘等到家里来。男方这天大办酒席，其三亲六戚都到场，由媒人将男方的亲戚一一介绍给女方，女方改口随男方称呼所有亲戚，喊一声，敬一杯茶，亲戚们则给女方送一份礼物。这同时也是女方对男方家庭的一种"实地考察"。女方离开时，男方还要给女方和陪同的人送上礼金、礼物等。看廊场后，有的还约好日子，给女方送衣物、鞋袜、首饰等，这叫"送衣"。

3) 认亲

过门后，男方还要到女方家正式认亲。女方根据亲戚的多少告知男方家准备肉、酒、茶食等"礼行"若干份，并用红纸条缠上，装在托盘里，到约定的日子，男方在长辈及哥嫂的陪同下到女方家，在堂屋里的神龛上点燃一对红烛，由媒人一一介绍女方的亲人，男方则同时将托盘里的"礼行"用双手一一递到女方的亲人手中，并改口随女方称呼。女方的亲人也回赠一些礼物。

4) 求喜

女方认亲后，男方择吉日请媒人通知女方行聘礼，"讨八字"或"讨红庚"。男方备衣物、首饰、食品、烟酒等，带着红纸开具的庚帖一同用盒子装好，请媒人随同到女方家，女方收聘，用相同格式写好女方庚帖，中贴红签，签上写"领谢"二字，然后交付媒人回复男方。如女方备有文房四宝及扇子之类的物品，也用红纸缠上，放在男方带来的盒子内。"讨八字"时，女方要请家族主要成员到场，以示严肃、隆重。如两人八字合，就在家族内公开这门亲事。此礼过后，一般不得悔约，如有悔约，必须退聘礼，并补偿对方。

5）看期与定期

交往一段时间后，男方根据男女双方的生辰八字，请人推算，择良辰吉日作为结婚的日子，男方带着礼物或礼金再到女方家定日子。定期后，男方用名帖开具婚礼单，另用红纸写明迎亲日期，先告祖先，后由媒人送往女方。而后男方开始给女方制备衣物、首饰，严格按照家族辈分给女方长辈制备茶食，女方开始置办嫁妆，同时给男方本人及父母等长辈做鞋，准备出嫁。

6）上红

喜期的前两天，男方要请一个有威望的男性当都管[①]，主持喜期的全部工作，还要请媒人和二位迎台师[②]。为答谢媒人，男方要给其一块红布，唢呐上也要挂一块红布，称为"上红"。开席时，都管代表主家向媒人和迎台师上红，并唱道：

> 月红大人，坐起不恭。天上无云不下雨，地上无媒不成双。蒙您昔日牵线搭桥，登山涉水，淘尽了神；跨岭过界，费尽了力。今日，×氏府中应给您在荆州、汉口扯来绫罗绸缎，方是道理，但因时间仓促，仅在本州县城扯起粗纱一段。望月老海涵笑纳。

媒人答道：

> 手长失领[③]！收下红布。

都管又道：

> 诸位迎台师，我一段迎红拿在手，挂在迎台号头上，上坡下岭吹起走，上坡吹的并蒂莲，下坡吹的凤凰诗。应给您在荆州、汉口扯来绫罗绸缎，但主家初才做事，礼仪不周，仅在本州县城扯起粗纱一段，请诸位迎台师上坡下岭擦哈汗而已。

迎台师故作谦辞：

> 都管先生，金玉良言，今日主东办起满盘盛食，多谢新贵人的喜酒，绫罗绸缎，领当不起，请都管先生转告主东。

---

① 都管，也叫押礼先生。
② 迎台师，唢呐师傅。
③ 方言，"不好意思，那我们就接受了"之意。

都管再道：

门外喜鹊叫，今朝来挂号，大登科花结果，小登科果团圆。今日花果团圆之期，奉请诸位迎台师笑纳。

诸位迎台师齐声答道：

好，我们手长失领。

于是，迎台师将红布挂在唢呐上。迎台师向主家要三碟菜、三杯酒敬祖师爷后，开始吹奏《满堂红》《大开门》《节节高》三首曲子。

7) 梳头礼

结婚的前二天，新郎要给新娘送去梳头礼，礼物主要是梳子、首饰、丝帕，以及给开脸师傅的礼物等。

8) 开脸

新娘收下梳头礼后，洗净全身，请当地有名气的师傅或长辈"开脸"，也叫"开面"。师傅在新娘脸上擦石膏面或火坑里的柴灰，用银簪剔鬓角和眉毛，并将三根彩线交叉成剪刀状，一头衔在嘴里，一头绾在右手上，左手两根指头穿在线中间，在新娘的额头上、脸上、颈项里，一张一合地运用手的拉力和线的闭合力去除汗毛，干净后，涂上男方送来的香粉、胭脂。这不仅是修饰面部，也意味着新娘自此不再是毛丫头。开脸后就是梳头，梳头时要将新娘的披发或辫子打开，在后脑勺上缠绕，盘成圆形，再套上发套，别上银簪、玉钗等，便是一副新娘的打扮了。

9) 哭嫁

新娘梳洗、开脸、装扮后，在最要好的九个未婚姐妹的陪同下哭嫁。这叫"陪十姊妹"。有哭祖先、哭爹娘，哭哥嫂、哭姐妹等，多是表达离别之情等；或一人独哭，或母女、姐妹同哭；哭嫁歌有《十劝姐》《十要》《十哭》《六杯酒》等，情感浓烈，如泣如诉，全部亲情都倾注其间，在场的人无不为之动情落泪，列举如下：

《哭姐妹》

我的姐呀我的妹，姐妹从小同床睡，

明日就要两分离，几时才能到一起。

《十要》

八月桂花香，哥哥听端详，

妹妹要出嫁，陪嫁要十样。

一要象牙床，二要红罗帐。

三要弹花架，茶壶要两把，

奴要婆家礼行大，早晚要筛茶。

四要四平柜，柜子朱红漆。

五要梳妆台，镜子要两块，

胭脂和水粉，苏州带起来。

六要府绸缎，七要七品簪，

耳戴八宝环，金打银丝缠。

八要白罗裙，裙上绣古人，

金打戒花卷起领，喜鹊把门登。

九要送亲婆，媒人要两个，

送亲四哥哥，请到席上坐。

十样都要尽，还要大金盆，

金盆里头花手巾，体面又称心。

10）过礼与开盒

婚礼的前一天傍晚，男方将事先给新娘父母和其他长辈准备的礼品（必须有猪肘、猪肋骨处的方块肉、猪硬肋肉，并配上烟酒、面条、糖果、点心）缠上红纸条，最重要的还有给新娘的衣服、首饰。将这些分别用两个木制的专门礼盒装好，不得有半点差错。装新娘的衣服很有讲究：要将衣服折叠成"怀抱子"式，裤子的两只裤脚必须放在一条裤腿里。由两个童男拿着礼盒，走在娶亲队伍的最前面，唢呐师傅、锣鼓师傅、媒人和都管一行人（有的地方新郎也一起去）在唢呐声中，来到新娘家中"过礼"。一路上，唢呐师傅吹奏《路花》《过山调》等。

此时虽已夜幕降临，但新娘家灯火通明，有坐堂锣鼓和坐堂唢呐及众亲友迎候，锣鼓、唢呐、鞭炮齐鸣，满屋喜庆。

到了新娘家门口时，先由新娘家的执事客[①]接过礼盒，摆在堂屋中央的大桌子上，再由新娘家的执事把新娘的父母和所有亲戚请到堂屋两边坐好，然后代表新娘家致欢迎词。男方都管代表男方回一些做得不周到的谦辞。

女方执事客宣布现在开始"开盒过礼"，于是两位德高望重的礼生[②]来到堂屋中央，左右站立，将两支大红蜡烛一起点燃，放在神龛上。

男方都管唱：

红漆台盒四只角，主家请我来装盒。装盒装盒，众亲听我说：一根树儿生得高，鲁班拖斧来砍倒。解分板，打台盒。打起台盒装彩货，上装孔雀开屏，下装二龙戏珠，左装丹凤朝阳，右装锦绣衣裳，东装半猪整羊，西装龙凤喜饼，装盒已毕，请朝堂先生开盒！

女方执事客说道：

肃静，内外肃静。执事者各执其事。执事者已成其事。司乐者，奏大乐[③]……大乐止。奏中乐[④]……中乐止。奏细乐[⑤]……细乐长鸣。红漆台盒宽又长，主家请我上华堂。开盒开盒，众亲听我唱：

东边一朵红云起，西边一朵紫云开，红云起，紫云开。主东请我开盒来，一开天长地久，二开地久天长。三开荣华富贵，四开金银满堂。五开龙凤喜饼，六开半猪整羊。七开鸳鸯一对，八开凤凰一双。九开茶果团圆，十开红包才是锦绣衣裳。开盒已毕，百世齐昌。

此时，六乐合奏，礼炮齐响。

若女方有意为难一下男方而不收礼，执事客会在女方授意下假装发难：

[①] 执事客，也叫朝堂都管、朝堂先生。

[②] 礼生，即司礼者。

[③] 大乐，长号。

[④] 中乐，唢呐。

[⑤] 细乐，短笛。

>今日把男方花钱费米，主家领当不起。

男方都管马上答辩：

>今日来的礼物，办得不周全，请朝堂先生转告双亲大人，一起原谅，我们是一边为男，一边为女，男方本应多花些金钱才是道理，今日把娘家花费了不少钱米，哪门能说领当不起！

至此，执事客才正式开盒。

新郎家的都管打开礼盒将礼物一件件拿出来，依次摆放在新娘家事先准备好的桌子上，与新娘家的执事客交接礼品。

又是一阵鞭炮，礼品交接完毕，女方执事客致谦辞：

>新郎贵府，常德买马，长沙配鞍，杭州买来首饰，苏州购来绸缎，百般礼品，样样齐全，把贵府花费，请二位大姐快把礼般。

新娘家请来的二位德高望重、儿女双全的女性将送给新娘的礼盒搬到房间。再将新郎给新娘父母和亲戚的礼品一一分发。新娘家人接受礼物的同时，也会给新郎一些礼金。

新娘则在房里伤心地哭：

>我的爹呀我的娘，辛辛苦苦养一场。刚刚长到十七八，就要离娘到婆家。爹娘恩情怎报答。

新郎带去的礼物，新娘只收一样，留下一样，由"过礼"的人带回。

11）娶亲

正式婚礼的前一天晚上，由男方都管安排娶亲事宜。将每个帮忙的人的名字及做什么事写在执事单上，贴在堂屋里。大家按分配的任务，各自准备。第二天一早，媒人、唢呐师傅、都管、一对童男童女、若干帮忙的人，以及轿子（现在是轿车）等，披红挂彩、热热闹闹地到女方家迎娶新娘，唢呐吹奏《中指》《六指》《过岭调》等。

有地方的还有"拦门礼"。迎亲队伍到女方住处后，女方将大门关上，仅留一条缝，大门口摆一张桌子。此时，女方执事客在里面，男方都管在外面，双方对歌或说些客套话，若男方唱（或说）赢了，女方就搬开桌子欢迎男方迎亲

队伍进门,若输了就从桌子下钻过去,增添热闹,以示喜庆。例如:

里问:

笙箫鼓乐,人夫马轿,来到此地,所为何事?

外答:

笙箫鼓乐,人夫马轿,来到贵府,特意颁恩……竟为何事?

一不是状元回府,二不是宰相朝君。今日我张家不去,李家不行,单单来到贵府衙门。只因我家公子打马过街,路过贵府,瞧见你家小姐端正美貌,一见钟情。经冰人说合,结秦晋之好。选定吉日吉时前来迎接。今日开开美景,紫微高照,正遇小登科花果团圆之期,请开财门,早发富贵!

何为三媒?

佛爷菩萨、观音娘娘、月老大人。

何为六证?

天、地、人、日、月、星……

礼客先生,礼仪周到,出口成章,通晓古今。可六国为宰相,可三军掌帅印。失迎、失迎,失敬、失敬!

读不尽的诗书,习不尽的礼仪。我们少读圣贤之书,我们少习周公之礼,请开门吧。

千斤铁锁手提起,万斤岩头脚踢开。把门将军开天门,月老礼客请进来!

至此,拦门完毕,中堂大开,唢呐、鞭炮齐鸣,都管率众人高贺"恭喜"进门。唢呐师傅在中堂桌子两边坐好,吹奏《大开门》《满堂红》《节节高》《娘哭女》《女哭娘》等曲目。

欢快的唢呐,喜庆的爆竹,在新娘心中激起万丈波澜,又一次情不自禁地大哭起来。

12)移柜

娶亲队伍进门后,新娘家执事客向男方都管移交嫁妆,唢呐师傅吹奏《移柜调》。

新娘看到丰厚的嫁妆一样样搬到外面,想到就要离开自己生活了一二十年的土地,离开朝夕相伴的亲人,万千依恋化作层层柔波,荡漾开来……

一哭我的妈把我养大,女大就要到婆家;

二哭我的爹当家劳累些,嫁妆多少由你给;

三哭我的哥,兄妹也不多,正头七月要接我;

四哭我的嫂,待妹实在好,上敬老来下敬小;

五哭我的妹,从小一头睡,不知几时能相会;

……

九哭天哭亮,声声哭爹娘,哭干眼泪痛断肠;

十哭天已明,含泪别亲人,吹吹打打轿出门。

13)辞祖与发亲

新娘上穿右斜襟、大袖大摆的"露水衣",下穿八幅"露水裙",头包青丝帕,戴珠花银饰,琅佩叮当,由人扶着在堂屋哭拜一番,辞别祖先,即辞祖。

这时执事客唱道:

喜日喜事喜盈盈,新娘堂前讲礼行,有请父母和六亲,来在华堂送新人。

一鞠躬,辞祖人,祖人保佑新贵人,重新安家从此起,发家致富万代兴;

二鞠躬,辞爹妈,爹妈把你抚养大,今离父母新安家,祝你家也兴财也发,家发人兴万贯家;

三鞠躬,辞六亲,感谢大家来欢庆,再谢各位帮喜忙,以后慢慢来为情。

辞行已毕,起程大吉,发亲。

新娘坐轿(车)或步行,上亲随行。

此刻,锣鼓、鞭炮齐鸣,唢呐师傅吹奏《满堂红》,迎亲队伍抬着嫁妆走在新人前面,送亲队伍在后面簇拥着新娘,一路吹吹打打、喜气洋洋地朝着新郎家而去。

>哥哥背上轿,嫂嫂送到八角庙。
>
>吹唢呐,放大炮。
>
>哩哩啦啦好热闹。

这首土家族童谣,正是土家族人迎亲场面的生动写照。

翻山越岭,娶亲队伍常常要休息。女方上亲中主事的人会将新娘准备在箱柜里的吃食,如瓜子、核桃、板栗、花生、烟、糖、粑粑等发给大家,并叮嘱抬嫁妆时小心、仔细,别把东西损坏,这既有请求的意思,也以示亲热、感谢。男方也要给大家分发喜烟、喜糖。这时候,唢呐师傅吹奏《歇气调》《过山调》《路花》等。

如路上正好遇到另一支娶亲队伍,则互不相让,双方唢呐师傅比着吹,不允许重复,以吹的曲子多少论输赢,输了的一方让路,难分输赢时,有的则拿出绝技,将唢呐眼朝下,翻着吹。

新娘来到男方大门前,用脚蹬一下大门槛,以示自己来到婆家。这时,男方端来一盆水,请新娘坐下洗手、洗脚,换上自己做的踩堂鞋。此时,女方引拜人将新娘给新郎做的踩堂鞋交付过去,新郎一并换上,准备拜堂。

14)拜堂

男方执事唱:

>烟花爆竹震天响,喜日喜事喜洋洋,宾客迎上客显得多亲热,高亲贵戚请坐上,装烟、筛茶——

筛茶姑娘唱:

>柑子叶儿层哒层,开的花儿白如银,结的果儿黄晶晶,端起茶盘迎上亲,接到路上路不平,接到席上席不正,接到华堂讲礼行,接到绣房配新人,各位上亲荣华富贵万代兴。

女方执事唱:

>天上星子笑,河里鱼儿跳,大户人家姑娘莫客套,九里路上问起信,十里路上知其名,晓得你筛茶姑娘是个能干人,我把喜钱给你们,反

正我也讲不赢。

唱毕，给筛茶姑娘喜钱。

请新娘入华堂。男方执事再唱：

鞭炮喧天震天响，喜日喜事喜洋洋，亲朋好友两边站，圆亲红娘迎新人！

请后家①进门。男方执事唱：

喜日喜事喜开怀，喜迎高亲贵戚来，你们劳步降驾翻山切界，受尽风寒辛苦到来，给×氏府中送富送贵送喜送财，我们应该十里路上铺毡，五里路上接彩，鞭炮齐鸣排队接待，由于主家条件有限，招待不周不到，请多多包涵。各位高亲，一起请进、请进。

上亲进入堂屋，高声道贺：

一请都管先生送恭喜；二请东督主人送恭喜；三请伯叔三堂、亲戚六眷送恭喜！

男方执事道：

免礼、免礼，贵亲贵戚请上坐！

至此，送亲队伍都到堂屋两边就座。家中坐堂都管指挥帮忙的人抬进嫁妆，并分别放在适当房间。

按照预先订好的吉时，二位礼生将一对大红蜡烛同时点燃后，放在大桌子上。然后，一位礼生唱道：

紫微高照喜临门，各位亲朋请肃静，今天是××男××女洞房花烛之喜，花果团圆之期，各位高亲贵戚，婚堂就座，参观婚礼。看那烛草辉煌喜气洋洋，二人接蜡天长地久，互相交换地久天长，华堂六亲欢聚一堂，花烛一双百世齐昌！

这对蜡烛若同时燃完，则预示着这对新人相亲相爱，美满幸福，白头偕老；若中途熄灭或燃也不亮，则预示不兴旺或可能无法相伴到老，所以，人们特别

---

① 后家，即娘家。

重视"结蜡"这一过程。

"结蜡"过后,新人就要正式拜堂了。礼生再唱:

> 肃静,内外肃静。执事者各执其事。执事者已成其事。击鼓者,鼓击三通,鼓止;鸣金者,金鸣九转,金止;司乐者,奏大乐……大乐止。奏中乐……中乐止。奏细乐……细乐长鸣。花烛交辉喜气浓,香奁之仪古今同。新郎新娘齐就位,莲步轻移华堂中。一拜天地,二拜高堂,三拜宗亲,夫妻对拜。

新人行拜礼后,礼生接着唱:

> 天结一对有情人,二人合面传友情。终身伴侣从此起,互敬互爱永同心。各位高亲,还有礼节事一桩:谢答天桥介绍人,感谢各位帮喜忙。再谢都管和八仙,还有迎送二红娘!男秉乾纲,移坐中堂,女成坤柔,转归绣房。还请新娘不要慌,新郎不抢床,消消停停入洞房。男归中堂读文章,女归绣房绣鸳鸯。绣鸳鸯,读文章,花果团圆万年长,婚礼已毕百世齐昌!

15) 接风与安席

一切礼节完毕后便摆酒接风,先请上亲入席。都管代表男方致辞:

> 昔承尊嗣,不弃寒微。令爱千金与×氏这子结为诸陈,桃幺正允,燕尔新婚。一来一往,受了跋涉之苦,理当铺毡结彩相迎,今日五里未曾铺毡,十里未曾结彩,仅在此光天化日之下,别无他物,只得将淡薄的酒水,敬献红月大人与贵府诸位高亲,请宽饮几杯。一则御风寒之苦,二则扬贵富之风,言语不周,望其海涵。

上亲答道:

> 愚亲回禀先生,金言感人至深,愚弟少读圣贤之书,未习周公之礼,万分惭愧,岂敢过辞?

新郎在席间向上亲行礼,感谢这些亲戚给新娘置办的丰厚嫁妆。

16) 告祖

晚上,新人跪拜祖先、上香、敬茶、献馔……事毕,新人俯首,听读贺文:

岁辞，×年×月×日×时，××仅以香帛酒肴薄礼之仪，面告本宗×氏历代高尊祖考妣之神位前。祖德流芳，永赐家庭之神速；宗人笃庆，宏开后世之祥。强业咸恒，敬陈萍藻。今嗣孙先年聘定×氏之女为室，即日成婚，叩见先祖，俯请庇护。两姓既合，永调琴瑟之欢；百岁相偕，并长乾坤之寿。既宜家而宜室，亦俾职而俾昌。不敢不告，告之以文。

读毕，新人行八拜之礼。

17）闹洞房

结婚这天，男方家宰猪宰羊，摆酒设宴，招待亲友。当晚洞房内外灯火通明，摆满糖食瓜果，男男女女入座，说四言八句，开新郎新娘玩笑，名曰"闹洞房"。

18）拜茶

拜茶也叫"庙见礼"。结婚的当天晚上或第二天早晨，新娘一一拜见新郎的长辈，并献上事先准备好的鞋袜和鸡蛋茶，长辈们会说一些祝福吉利的话，并回赠礼金感谢其孝心。

19）送上亲

第二天吃过早饭，上亲们就要回去了，双方又要谦虚一场。

上亲道：

请借都管先生金言，请主人到堂前，贫家的小女昨日送到贵府，厨房锅灶炉又生，望其高亲像女儿一样看成，礼仪不周，还请教训。

男方都管答：

请您叔男伯爷大放宽心，父母大人一样看成。

还有关于酒席没办周到等客套话，此处不一一叙述。

鞭炮唢呐声中，唢呐师吹奏《女哭娘》，男方一行人将上亲送到大门口。

20）回门

结婚三天之后，新娘偕同夫婿回娘家省亲，叫作"回门"。新郎要向岳父母家送上丰盛的礼物，如糖、酒、面等，其中"过礼"返回的猪肘要一并带去。

新婚夫妻二人必须当天回来。去娘家时，新娘走前面，新郎走后面。回婆家时，则是新郎走前面，新娘走后面，不能回头张望。"回门"结束后，婚嫁礼仪到此结束，夫妻二人从此开始新的生活。

2. 寿诞和生育习俗

1）寿诞

六十岁、七十岁、八十岁等高寿要举行寿庆。六十岁为花甲，七十岁为古稀，八十岁为耋寿，九十岁为耄寿，一百岁为期颐。寿庆之日，家里贴满寿联，亲朋好友前来祝贺，可送寿联、寿匾、礼物、礼金，接寿匾、升寿匾有一定的规矩，要把寿星请到堂屋中间坐着，晚辈给其叩头拜寿。

2）洗三

婴儿出生后第三天，专为婴儿洗澡叫作洗三，同时还要给婴儿取名字。将名字在一张红纸上以一定的格式写好，贴在神龛左侧板壁上。红纸上同时写明"三朝命名，易养成人，福禄寿禧，富贵双全"等字样。还要写上生辰八字。贴好后，由婴儿的奶奶抱着婴儿面向神龛叩拜、敬香，表示已添新人，特禀告祖先。那天要接婴儿的外公外婆吃三朝饭，也要请亲朋好友喝三朝酒。

3. 修建习俗

以前，老百姓一般以建木房为主，修建木房习俗很多，要在农历逢"八"的日子打起手，高度中总带有数字"八"，还要请人看屋场的位置是否适合等。

1）伐梁木

用作梁木的树一般要是青枝绿叶的杉树，选好树后，再选两位儿女双全的男性，拿着肉、酒、菜等物来到树下进行祭拜。两位男性手持斧头，你一斧、我一斧有节奏地边砍边说赞词。树即将砍断时，不能直接倒地，要用绳子把树拉住，再由十二个男性接住，去掉枝梢后，迅速将其扛到肩上就走，一直抬到屋场，中途不准放到地上休息，抬到屋场后也不准落地，要轻轻放在木工用来支撑木料的架子上。

2) 立屋

掌墨师①一手拿斧头，一手提公鸡，一脚蹬在中柱上，说着鼓舞的话，然后在中柱上猛击一斧背，人们大喊一声，合力把屋架立起来。

3) 做梁木与上梁

这道工序很讲究。开始做梁木前，主人要给掌墨师发红包，把梁木做好后，逢中画墨线，这条线要始终留在梁木上。

开梁口时，掌墨师与徒弟手拿斧头、锉子和墨线分别站在屋梁的东西两头。师父先唱：

  忙忙走，忙忙走，主东请我开梁口。开梁口，开梁口，开个金银对北斗。

唱完，师傅用锉子铲去梁东头一块木屑。

弟子接着唱：

  师傅开东我开西，后院骡马笑嘻嘻，口问骡马笑什么，主家代代穿朝衣。

唱完，徒弟也在西头铲去一块木屑。

师傅又唱：

  手拿墨斗溜溜圆，主家请我接墨线，接墨线，接起脉线万万年。

徒弟接着唱：

  主家出来打商量，我请主家拜栋梁。一拜天长地久，二拜地久天长。三拜荣华富贵，四拜金银满堂，只有四拜五不拜，主家富贵万万代。

这时，屋主面朝屋梁进行叩拜。

师傅翻开梁木，唱：

  翻开梁木背朝天，子子孙孙点状元。

徒弟接着唱：

  时也来，运也来，天下掉下玉带来。

---

① 掌墨师，即传统修建房屋时全程负责的主要木匠师傅。

这时，站在屋架上的人抛下吊梁木的绳子。师傅唱：

玉带软如棉，栋梁口里缠。左缠三转生贵子，右绕三转出状元。

唱完，师徒二人分别用绳子拴住梁木两头，由两个年轻力壮的小伙子把梁木抬到中堂两边的中柱上安好。

师徒二人先后从东西两面攀梯爬到屋梁边，师傅先上，并唱：

手搬云梯步步高，主家请我上云霄。脚上一步，一虎独卧；脚上两步，二龙抢宝；脚上三步，三月早种；脚上四步，四季皆好；脚上五步，五子登科；脚上六步，六位阁老；脚上七步，七姊妹团圆；脚上八步，八仙吹箫；脚上九步九步九，九把黄伞不离手；我上十步上得高，金银财宝往下抛。搬住挑哒又搬枋，子子孙孙坐朝纲；鹞子翻身坐梁头，子子孙孙中诸侯。

师傅登上梁头后，徒弟才从西面攀登而上，边上边唱：

师傅上东我上西，双脚步步登云梯。一上宋朝杨家将，二上项羽楚霸王，三上桃园三结义，四上唐朝老丞相，五上五子登科早，六上姜女晒衣裳，七上天上七姊妹，八上明朝太上皇，九上娘娘生贵子，十上太子坐龙床。搬住挑哒又搬枋，子子孙孙坐朝纲；鹞子翻身坐梁头，子子孙孙中诸侯……

这时，主家给师徒各呈上一个托盘，里面装满好酒好菜。师徒各执酒杯，一唱一和：

此酒，此酒，讲起来有根由，皇帝下的百草药，娘娘亲手来酿造……

张厨子不敢喝，李厨子不敢尝。口问留着做什么？弟子拿起点发梁。

二人执盏自东向西、自西向东在梁木上走来走去，将酒点在梁木上，边走边唱：

一杯酒儿点上天，我给主家接神仙。

二杯酒儿点下地，我给主家搪脉气。

三杯四杯点栋腰，子子孙孙中阁老。

五杯六杯我不洒，弟子拿来润嘴巴……

二人又各拿起一个糯米粑粑并唱：

糯米蒸得气昂昂，粑粑圆得像月亮，大粑粑做了九百九十九对，小粑粑做了九百九十九双，张厨子不敢吃，李厨子不敢尝，弟子拿来抛——发——梁！

唱完，师徒二人分别站在东西方，先将两个大粑粑沿着中柱往下放，屋主在中柱下，用围裙接住，然后将小粑粑和糖果等其他食品往下抛，看热闹的、帮忙的一起欢天喜地的捡拾，十分热闹、有趣。

4）安门

做好新大门后，先关上，不准任何人进来，必须找在当地有声望的踩门人对歌。外面燃放鞭炮，木匠师傅在屋内，踩门人在屋外敲门。木匠唱：

炮火连天闹沉沉，闻听门外喊门人，开言我把歌师问，你要开门是何人？

外面答：

我是福星踩门人，左脚踩进金元宝，右脚踩进聚宝盆，恭喜贺喜福满门。

门打开后，木匠师傅又唱：

财门大开！

踩门人对唱：

财门大打开，元宝滚进来，滚进不滚出，金银堆满屋！

至此，所有人涌进新屋里。

（三）其他生活习俗

1. 解梦

做噩梦后就将房前或屋后的树枝打一个疙瘩，做了好梦就解一个疙瘩。

2. 踹生

孩子出生以后，除家人外，第一个前来拜访或与家人说话的人，就是这个孩子的踹生人，并且认为这个孩子长大以后的性格会随踹生人。主人家一般要请踹生人吃饭，踹生人则应多说些恭维的话。

3. 过年给果树喂饭

在果树上划个口，大年三十弄些饭在划口上，请果树吃，拜托它多结果、不掉果。

4. 报喜

女子出嫁生了孩子以后，女婿必须提一只鸡给丈人家报喜。如果是女孩，就提母鸡；如果是男孩，则提公鸡。同时，女婿快到屋时，要燃放鞭炮。

5. 抓周

孩子一周岁时，在神龛上点上蜡烛，下面摆个大桌子，桌上放钱、食物、剪刀、文房四宝、劳动工具等各种各样的东西，让孩子伸手去抓，孩子先拿哪样，就预示着长大后可能做相关的工作，有的大人还根据抓周的结果为孩子延请师傅。

6. 盖碗肉

请工或办喜事时，桌上都要有"盖碗肉"，即有一碗菜上要放一块又大又肥的能盖住碗口的肉，下面是小一点的肉或其他美食。

7. 摆席

家里有红白喜事时，都要请专门的师傅按规矩摆菜，即"一合[①]二角[②]三圆四蹄五笋六鸡七酸菜八海带九肉十南粉[③]"。摆菜方法是一碗一点红（放桌子正中），二碗排两边，三碗品字格，四碗四方角，五碗五点中，碗碗不离中，碗碗不离东。菜往中间放，再往东边推，一直到放完为止。猪蹄不放上席[④]，否则有不敬之嫌。酒席上每道菜一碗，共十六碗。长辈或上亲坐上席。

8. 腊水

大寒到立春期间的河水或井水，叫腊水。用这种水做豆腐最细嫩，泡粑粑

---

① 合，即合菜，指千张配胡萝卜丝等。
② 角，指三角形的炸豆腐块。
③ 南粉，即粉丝。
④ 上席，即受尊敬的席位。

不臭不溶，做甜酒格外香甜。

9.吃茶

客人或长辈到家里拜访时，要给其煮"茶"吃，即煮面条或粉条，并加鸡蛋、肉丝等。

五、主要历史人物

田舜年，田甘霖长子，字韶初，号九峰。清康熙年间任容美土司，从政32年，使容美土司成为湘鄂西五强土司之一。田舜年深受汉文化熏陶，酷爱文史，博学多才，著有《二十一史纂要》《容阳世述录》《许田射猎传奇》，汇编《田氏一家言》等。

田旻如，田舜年之子，字侯期，号碧峰。清康熙四十六年（1707年），因田舜年骤死一案被康熙皇帝钦定袭任司职，袭职前曾任通州通判，并在宫内充任御林军。主政容美27年，当改土归流的浪潮触及容美土司时，田旻如拒不听调进京，后自缢于屏山万全洞，容美土司至此覆亡。著有《永常住碑记》《保善楼记》等。

文安之，字汝止，号铁庵，夷陵（今湖北宜昌）人。明朝文学家、文史著述家。明天启二年（1622年）中进士。曾任南京司业、祭酒。后因权臣薛国观弹劾而罢官。他在此期间来容美与田玄、田霈霖、田既霖、田甘霖父子同游，后娶屏山陈氏女为妻。南明福王起为詹事，唐王召为礼部尚书，都因交通不便，未就职。南明永历四年（1650年），到梧州见永历帝，任东阁大学士。永历五年（1651年），为联络川中诸镇之兵，自请前往四川督师，加太子太保兼吏、兵二部尚书，总督川、湖诸处军务。到贵州都匀时，为孙可望所拘。数月后脱身到川东，联络川鄂边境的农民军——夔东十三家进行反抗。永历十三年（1659年），督十三家中的刘体纯、袁宗第、李来亨等十六营由水路进攻重庆。后病死，葬于容美紫草山。

田楚产，明朝湖广容美土司，字子良，号郢阳，为田九龙长孙，其父名为田宗愈。他为人不苟言笑，多善政。田楚产父子不仅注重安民睦邻，还对施州卫军民指挥使司产生影响，创造更加宽松的发展环境。明天启元年（1621年），田楚产在四川保宁府（今南充）南部县铸造观音与韦驮佛像各一尊，赠奉给施州卫军民指挥使司。观音佛像今仍保存在恩施市文物管理所。佛像铭文记载：容美宣抚使司信官田楚产施铜一千斤，于四川保宁府南部县观音矶文昌祠铸造观音大士、韦驮一尊。由于其在平定奢安之乱中战功卓著，死后被崇祯皇帝追赠为宣武将军，诰封其妻为恭人。

走近

古老村志遗存村
——韭菜坝村

韭菜坝村隶属于中营镇。2018年,该村被评为鹤峰最美乡村。2019年1月,该村被授予"诗意韭菜坝"称号。该村因发现清末数人传承撰写的记录乡贤办学校、兴产业扶贫的村志——《九才之志》而闻名。

韭菜坝村概貌

一、村落概况

韭菜坝村位于中营镇北部，距中营镇政府驻地40千米，距鹤峰县城65千米，东与本镇长湾村、西与黍子坪村、南与白水沟村、梅果湾村接壤，北与建始县官店镇毗邻。截至2019年末，全村有6个村民小组，共172户610人。村落面积为4.7万亩，其中山林面积为3万亩，耕地面积为6000亩（其中承包耕地面积为991.4亩），人均耕地面积约为10亩。该村土地广阔，地势较为平坦，平均海拔为1700米，无霜期很短，冬天多雾，村中丘陵密布，森林覆盖率较高，植物资源丰富，是理想的农业产业化发展基地。村民居住分散，房屋低矮，有迎春塯、长河、岩屋坪、黑湾、龙竹坪、叶家湾、小坪、黑神庙、魏家盉、枞树坪、金家坪等自然村落。

1735年以前，该地属容美土司管辖。1736年属鹤峰州乐淑乡（北乡）纯化里韭菜坝保。1912年至1928年，属美利乡韭菜坝保。1929年，鹤峰县成立苏维埃政府，属八区黍子乡苏维政府管辖。1935年至1949年，属中营区青岩坪保管辖。1949年11月鹤峰县人民政府成立，属下坪区（二区）中营乡管辖。1955年属中营区高原乡管辖。1958年12月，完成人民公社建制后，属中营人民公社韭菜坝大队。1961年，鹤峰县高原农场总部设在黑神庙，黍子坪、韭菜坝、黑神庙、龙竹坪、长河、长湾等地均属高原农场管辖。1965年属中营区高原公社韭菜大队。1975年撤区并社，属中营公社高原管理区韭菜大队。1984年3月恢复区乡行政区划，属中营区高原乡韭菜坝村，后来改为中营镇韭菜坝村。

二、高原农场遗址

　　为了对高原农场遗址进行详细了解，时任高原农校校长的陈培三和时任高原农场总场会计的夏正荣接受了采访，口述资料由向端生整理。

高原农场时期的民房

采访内容：

问：高原农场是哪一年开办的？一共去了多少人？

陈培三说：高原农场开办的具体时间我记不清了，等会儿咱们去问问夏正荣，他就住在我楼上。一共去了约800人，当时总场、分场管理干部近100人，下放干部近100人，农中学生近500人。最后停办时大约还有200多人，学生只有60人左右了。

问：高原农场是在什么背景下办起来的？

陈培三说：1958年大办钢铁、大办食堂，鹤峰出现严重的粮食不足问题，当时县长王存义就要政府办的工作人员下去调研，看哪些地方可以开荒种粮食，当时有一位干部到韭菜坝跑了一路，并爬上一

办高原农场时高原农校的校长办公用房

棵大树放了三枪，他根据枪声的回音判断，那里是一片宽广的塬地，估计有大片土地可开发。然后回来给县长汇报说，高原地势平坦，可以开垦10万亩农田种粮食。王存义一听十分高兴，就决定办高原农场。

问：高原农场场长是谁？副场长是谁？

陈培三说：高原农场一开始是当时的县监察委员会书记王斌任高原农场书记，后改由李金水任党委书记，副书记为许云谦、肖宏森，他俩又都兼任副

1961年高原农场职工住房遗存

场长，总场长是杨蒸。高原农场有六个分场：第一分场的场长是罗本智，

第二分场的场长是柯凤楼,第三分场的场长是黄安林,第四分场的场长是雷元清,第五分场的场长是蒋保绪,第六分场的场长是我。第六分场实际上就是学校。

陈培三接着说:农校的校长一开始是罗声红,后来把我调过去接他的班。当时的学生主要来自鹤峰县茶叶中学、林业中学、农业中学、县工业技工学校,各区农业中学,这些学校的30多位老师和400多名学生全都上高原农校,又称之为第六分场。

然后采访者与陈培三到楼上找到了夏正荣。说明来意后,夏正荣很高兴地说:那段往事,现在想起来感觉就好像发生在昨天。

夏正荣接着说:我当时任县园艺场场长,当时的园艺场位于水寨,就是现在城南那一片,要建高原农场就把我调过去任总场会计股长,实际上就是总会计。

问:高原农场的管理机构设置是怎样的?

夏正荣说:当时高原农场总部设有财务总会计兼任统计,还有一位总出纳。农场总部还设有商店、酒厂、黄连素厂等。商店负责人是孙绍业,黄连素厂负责人是姚本能。另外,运输大队的大队长是姚本龙。

高原农场开垦过的土地

问:请您说说当时的生活条件和生产条件。

陈培三说:当时的生活条件特别艰苦。住的是茅草棚,吃的是玉米粉子饭、萝卜菜等,而且不是新鲜的萝卜菜,是那种干萝卜菜。学校基本没有上课,全都在开荒,天天劳动,早晨起床早,特别是冬天,天不亮就要吃饭,举着火把去开荒。学生不安心,家长看到这种情况也提意见,春节不放假,导致发生学生逃跑的事件,后来还有老师带着学生一起逃跑的情况。其中原技工学校的两名教师带着几十个学生逃跑，在望乡台被副县长陈孝义发现了，他骑着骡子赶都没有赶上。后来，一批学生到建始县官店镇背粮食，又跑了几十个。第二年春天开始，上半天课，劳动半天。最后剩下的仅60人左右，走马镇的毛德章是坚持到底的学生之一。

问：高原农场具体是什么时候开办的，什么时候停办的？

夏正荣说：高原农场是1960年10月正式开办的，1963年4月份停办的，办了2年多。

问：开办高原农场有什么收获吗？

夏正荣说：因为是高山，加之是刀耕火种，没有什么肥料，所以玉米长不大，当时我们叫作"野鸡脑壳"，一是说玉米只有野鸡的脑壳那么大，二是说野鸡吃玉米不用伸头就可吃到。要说收获，就是锻炼了一批吃苦耐劳、艰苦创业的干部。

夏正荣说：1961年秋收玉米总产量为81万斤，但这81万斤不光是农场的玉米，还有当地老百姓种的，也就是原来的青春大队几个生产队的总产量。

当年农场的干部职工、学生每人每月的粮食定量为45斤，上一天工还补助半斤，实际上每人每月近60斤，比县城的干部每人每月24斤的粮食定量高出2倍多，但因为没有油，所以人过一会儿就饿了，还是有饥饿感。生产出来的粮食抵不到消耗的粮食。

当年，还有一个专门为高原农场运输各类物资的骡马队，队长是姚本龙，所以姚本龙到老都被叫为姚骡客。

问：高原农场发生过什么有趣的事情发生吗？

陈培三说：有故事，但不一定有趣，还有些苦涩。有一个姓卢的下放干部，是四川人，有天晚上睡觉，一开始没有发现什么，脱了衣服钻进被窝，快要入睡时，感觉被子里面有什么东西爬动，而且动静越来越大，吓得赶忙爬起来用电筒照着找，结果发现铺盖夹层里面有一条蛇。吓得大声叫起来，然后把全棚子的人都闹醒了，都起来帮忙

黑神庙遗址

捉蛇。第二天全场的人都听说了，轰动一时，从此人们每天晚上睡觉时都要先翻看铺上有没有蛇。

在农场的干部也不安心，有一位分场场长的爱人在县医院工作，她有一次去农场看望丈夫，但是当时住的都是搭的茅棚，而且住的是通铺，十几个人甚至几十人住在一个棚子里，根本没有条件让夫妻同住。当时有人就给那位场长出了主意，山上有守野猪的棚子，那里面搭有床铺，他可以把妻子带到那里住。那一对夫妻也就只好到那个守野猪的棚里过夜。

夏正荣说：第二年庄稼长起来了，那地方野猪很厉害，常常夜间出来糟蹋庄稼，就需要人去守野猪，因为学生只上半天课，劳动半天，就由他们守野猪。陈老是校长，就带头上山守野猪，当时就被叫作"守野猪队长"。后来有些学生故意就把"守"字去掉了，喊他为"野猪队长"。

陈培三说：那时也没办法，学生们上山守野猪，我也不放心，野猪很凶，怕出事，就上山和学生们一起守。

当年陈老与夏老都是在高原农场举行的婚礼。王存义还给他们每对夫妻赠送了一床被子，王存义对农场职工还是很关爱的。

三、明清时期的村志

《九才之志》为明清时期的村志。

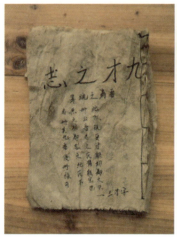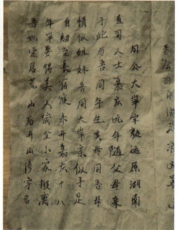

《九才之志》

其原文如下：

　　此册原名《陈公之册》，现吾将其更名为《九才之志》，吾殷氏之后切将此册为殷氏族之宝，不可失也。

——三才字

　　嘉庆十九年廿（？）月六，吾与周公大华同为鹤峰州科考进士，奈官场黯然，不愿与为伍，归乡安然自在矣。

　　道光六年三月八，乃黄道吉日也，吾与周公同办大学育人子弟。

　　吾二十有八矣，奈无家无妻也，今日与华痛饮，华念吾无妻无小，将连襟之妹推介与吾，与张妹投情义合。

　　周公大华，字颜运，原湖南直司人士，嘉庆元年随父母来于此，与吾同年生，其母同吾母情似姐妹，吾同大华亲似手足，自幼至长宿寝未开。嘉庆十八年华娶得美人宬全小家，搬离吾地定居荒山，后开山修宇名周公台，与坪慇公相邻成双快活土哉，周公之字大而华，吾佩而禧。嘉庆二十一年得龙凤名于国朝国凤。吾与殷公梁嫂诸家祝贺，华酣醉，吾华之大学，现育人数载，自学后梁嫂染布制衣。殷公榜眼之官，吾辈光明大矣。

梁嫂玉莲本土人士，沈氏入赘，夫早亡，留沈氏一子为吾学之生。自夫亡后独自养小生之难矣。吾同华多次上门接认义子，助其度难，梁躲。后吾同华议一良度，生与易量、易大喜。易曰：衣乃片蔽体之物，吾乡麻草甚丰，制绳以绳纺布，以布制衣，岂不哉能度难养家，能助人，何乐不为？

吾等速定易集梁周陈三人求梁意如何？梁曰：吾乃居家妇孺，无识八斗，万不可成事。陈曰：尔虽女流，生之难矣，吾等为尔后生，为尔之子量之策，事之难俱有心尔之难说与吾等，吾等共量。梁曰：尔等心善，吾欢。吾不识八斗，无麻纺之术，吾乡条之有限，无人问津，皆是徒劳。易曰：勿忧，乡之大路通州路龙潭井，吾父之路经地人员富饶，大之有路，布匹不愁。华同莲之开窍，愿染布制衣。后黄公家扬，何公大群，吕公之榜，李公大全，吴公崇峻，各职莲坊之大。

道光二十二年六月十八，州之大人于吾乡入吾华之学，生生不息，大为赞赏，上莲之坊，赞也。尔等为乡劳之大也！封九为才坪之坝。故九才坝也，尔等意否？吾同周、殷、梁、黄、何、吕、李、吴大为开怀。吾乡此有名，从九人之在，以才称吾辈，路之大矣。后人家喻传唱！

咸丰元年九月六，莲之花甲，儿亦而立之年，莲之双孙九也。莲之寿，吾等同在，因孙玩而火烧坊也，布为烬，何黄二人醉于布间，火燃之也，莲见毕生之业毁于孙之手，死迷长眠。呜呼哀哉，世间无何、黄、梁。梁之花甲终也。九才再无坊也。九月九，梁之葬日，儿孙泣莲之墓于莲宇之傍，易、周吾等为梁升碑，供后人唁也。

金太　九月二十八（撰）

咸丰七年九月六，莲逝有六，莲之子家辉立坊已有三，辉之不忘母业，于李公于坊料之甚少，李公于龙脉岩取料，脉才之脉，才之源也。李公树于料，树断于龙角，李公摔之腿伤，龙头血流，须之血也。才此运跃也，后李公后人刻于树断之处，命走葬于此，咸丰八年九月四，李公梦于神龙走，后人葬于才河之畔，辉搬离才不明也，才之坊没也。

呜呼哀哉，陈公去也，吾之弟兄册之己（记）甚少，吾将生平重录于册，后人勿忘陈公，字金太，自南来于此，与吾同生，殒于同治元年，在才之一梦身故，生平劳而实，与吾连襟之妹结发育两女。与吾同学之坝，育人百余，陈公去，两女开碑于冷草垧，陈公生之愿葬于路之傍，护马帮也，次盼小女归乡石门，勿忘之根本。陈公去后，小女随母归乡，长女留于才。故陈墓葬陈也。

吾年老衰也，力难从心，陈将册于吾，吾将册于易也，易之管录吾等事迹，录才之属，向后人传也。

周公大华　同治十二年

华将册于吾七载，华之体欠也，回想吾辈生平之事，无不叹也。怎奈人无长生，莲已去三十余载，吾同华也已八十有余，余生少矣。华近年直待后事，将周公台与国朝交于吾，愿周公能活几载与吾同去，吾今将此册传于吾子光烈字三才，愿其继录吾辈之志，为才之明天奋斗。

吾昨梦霞光，古云：夜梦霞光，必生不多矣，吾不大限于时日，愿吾愍氏后人记于吾辈人之功绩，为九死之为九才魂，九才人现年八十有余，周亦如此，吾嘱光烈，勿保此册，切不可丢损册，乃吾辈唯

《九才之志》中所记载的
长有染料树的龙嘴岩

想也。

吾父于光绪三十二年正寝于九才周公台，年之八十四，吾遵从父之遗愿葬于龙潭井傍，吾父故后，鹤峰吕州为父开碑，且将吾母迁于吾父之墓二人同地，选吉日为吾父立碑，祝才之昌盛，殷之大发。吾父生时为官清廉，体贴民之疾苦，今吾父走也，将才之社稷交由于吾，肩臂之重，吾定遵父之教诲，合国朝之力于才之为己任，愿父泉水下有知，佑之吾等。

前日吾见于朝，议重操父辈之业，见周伯父，伯父嘱吾与朝，亲似弟兄，合八方之力，成一方之事，万不可互相嫉心，今日午时，国凤忙来诉于吾，周伯父逝也，吾伤之急，父辈人完矣。才之后何？如吾今日将伯父之事诉于此，伯逝后，国朝尽之能，为其碑也，碑字清显妣（考）周公大华之墓，周字万古不朽。字醒目辉煌，伯葬于周宇之傍，同周母氏之墓一地，属子抱母之势。朝另为祖母开碑，后人见碑，无不泣也。

光绪三十三年，朝不□后将周公台赋予吾，朝之子寄于吾。朝之子与吾子宗常同生，吾大家人靠父业度日，朝之子三十有三也，于坝莫氏入赘。莫周同家……

《九才之志》所记的布坊遗址

《九才之志》所记布坊的摆布塘

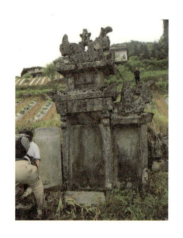 

殷学易墓碑　　　　　　殷光烈墓碑

为了更好地保护这部罕见的民间珍藏的古老村志,保管人殷泽将《九才之志》委托给鹤峰县博物馆珍藏。

四、乡风民俗

农历腊月二十八,有敬红军烈士王炳南的习俗。据说,在创建苏维埃政府阶段,王炳南曾在这一带活动过。因王炳南在兽医方面十分懂行,善于医治牲畜疾病,故他在此活动期间,如果哪家牲畜有疾病,人们均是找他医治,人们便将他奉为"神兽医"。后来,人们为了纪念王炳南,便将农历腊月二十八定为"敬神兽医日",这种风俗一直沿袭至今。

过去,在韭菜坝村一带,家里来了客人,对于能抽烟的男性,一般主人会把较好的叶子烟①敬奉给客人,以示对客人的尊敬。而对于不吸烟的女性和小孩,则会拿出核桃、板栗等干果,以示对客人的尊敬。

下茶这个习俗同样也是针对家里的客人。家里的客人,如果有点饿但还没到吃饭的时间,或是来的客人接着要赶路,主人则会很快地为其煮上一大碗面条,里面有肉末和荷包蛋,名为下茶。

---

① 叶子烟,即土烟或旱烟。

走近

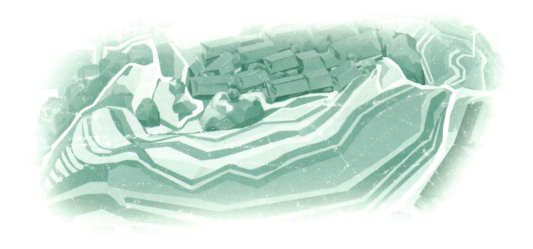

容美第一关口

——三路口村

"容阳第一门户"的称谓来自清朝文人顾彩撰写的《容美纪游》。在鄂西南大山中,有一个村落名叫三路口,自古就是兵家必争之地。徜徉在村中的石板路上,漫步于溪畔林间,你会猛然发现,在山水的苍翠中在岁月的宁静中,竟然铭刻着许多历史痕迹,蕴藏着如此多的神秘和美丽。

三路口村概貌

三路口村虽小，却是湘鄂两省通衢，南达津澧①，北通荆宜②，西至鹤峰，东接壶瓶山，从峡谷中流出的杭明溪是溇水的源头之一。改土归流前后的容阳古道和茶马古道在这里交汇重合，较早的文献记载是顾彩于清康熙四十三年（1704年）留下的文字。

顾彩进入这个向往已久的古桃源，所写的第一首诗，就记录了他来到此地后见到的奇景，与他进入容美境内后的非凡感受：

楚山无处不嵚崎，到此翻嫌路总夷。
人语半天谁响答，鹏搏九万亦惊疑。
禹王治水何曾到，熊绎开荆未必知。
京兆田郎能创辟，碧云堆外建牙旗。

---

① 津澧，津市和澧县。
② 荆宜，荆门和宜昌。

垭口如巨斧劈天,群山如丸泥塞口。所以,除了他亲眼所见,恐怕连楚国的开国国君熊绎,远古治水的大禹都没有到过。一夫当关,万夫莫开,容美土司与麻寮千户所以此为界,这是战争终止的符号,也是缔结和平的契约。至今,雄关依然巍峨,古道不断行人,戍堡空房今何在?唯问青松明月,都道是在杭明溪畔,接龙桥头。在这里,自古人与路的经久博弈,此刻都化为诗与画的重叠。

一、村落概况

三路口村位于五里乡东南部,距五里乡15千米,东与该乡上六峰村接界,西北与该乡青山村接界,西南与走马林场和白果村接界,北与五峰县湾潭镇毗邻。该村面积为32.14平方千米,现有耕地面积为2800亩,人均耕地面积为2.5亩,均为旱地。林地面积为32000亩,森林资源十分丰富。三路口村平均海拔为1300米,四季分明,雨水充沛,气候温和,光照充足,适于玉米、烟叶、魔芋及部分药材的生长。

历史上,这里既是泥市、渔洋关、鹤峰三地古茶道的岔路口和驿站、茶号的所在地,也是容美土司"第一门户"。这里地形险要,是兵家必争之地。有三条主道在这里汇合,再通向关外。东从下洞坪、六峰到三路口,西从五里坪到三路口,北从鹿耳庄到三路口,南从白果坪上大岩关到三路口,故把这汇合之地命名为三路口,也就是现在三路口村。

三路口村原是麻寮土司的领地,曾建有麻王寨,在该村东北,后领地受容美土司挤压,迁至花桥后山,更名为云阳寨。后来被容美土司占领,大岩关则成容美土司与麻寮土司之间重要关隘。改土归流后为鹤峰州礼陶乡仪则里六峰保管辖。1912—1937年属友助乡六峰保管辖。1929—1933年为鹤峰苏区第九区(五里区)苏维埃政府。1934年恢复为四区上六峰保管辖。1949年中华人民共和国成立后,属白果区三路乡管辖,乡政府设在三路口。1955年撤销白果区,属走马区三路乡管辖。1958年12月完成人民公社建制后,属五里区三路公社三路口大队管辖。1975年撤区并社后,属六峰公社三路管理区三好大队、金沟大队。

1984年恢复区乡行政区划，属五里区六峰乡三路口村、金沟村。2002年11月，对鹤峰县村组进行调整，将三路口村和金沟村合并为三路口村。

如今的三路口村地域辽阔，有三路口、张家垭、龚家大坪、朱家垭、龚家垭、独树湾、上放马场、下放马场、关脚里、黄连坪、核桃坳、堰塘坪、黑湾、刘家坪、皮家垭、倒洞子等自然村落。全村以土家族为主，兼有苗族、白族、汉族等。截至2019年末，全村下辖14个村民小组，353户1136人。

三路口村的历史有文字记载的达400多年，是容美土司出入麻寮土司地的重要关口。乾隆版《鹤峰州志》记载：三路口的关帝庙为"土司旧建"。

容美土司时期，马匹是重要的交通工具之一，三路口是当年川马的放养与出产之地，有上放马场、下放马场之分。改土归流后，这里因红茶贸易与运输而迅速发展起来，有大量湖南移民，关内外、湘鄂两省之间通婚的十分普遍，土家族与汉族之间的文化交流十分频繁，创造了丰富的多元文化，使这个昔年荒僻的山村成为一个较为著名的村落。

二、文化遗址

唐元和元年（806年），三路口辖属容美土司，朝廷派遣蜀将唐仁率兵驻守此地，办学兴业，文人辈出，现存古桥、传统民居等文化遗址。

（一）龚祖缙墓

墓主龚祖缙，1826年生于鹤峰三路口接龙桥，以耕读为生，因事迹显著，而被授为登仕郎，卒于1907年。碑志作者龚芳芹生于1868年7月，为龚祖缙第七子，清末贡生，待赠文林郎，因清末废除科举，未出仕，后来信奉三民主义，苏区时期参与革命，后因"通匪"

龚祖缙墓碑

罪名被团防武装组织杀害。1930年，龚祖缙的次子龚明琳、四子龚明玕参加鹤峰九区苏维埃赤卫队。龚明琳兼任三路口乡农民协会委员长，1931年7月被团防武装组织伏击，英勇不屈，壮烈牺牲。

龚祖缙墓碑的墓志如下：

> 夫碑者俾也，志者记也。俾后辈记先辈之品行、学文、功劳、恩德，可考而弗朽也。溯我父缙公，失父八岁，生列长房，求聆父兄之教，田不成亩，家无斛筲，又乏负笈之资，境逆如斯。于此而端品行，造学文，立功劳，布恩德，何难如之父也？不为酒困，有人醉独醒之雅风；不以色迷，有坐怀不乱之正气。且能不苟笑，不苟訾，不苟取，不妄动。品也行也。乡邻同世之父老莫不共见而共称焉！考其学文著作，故有可观，好古敏求，有负荆挂角之遗风。一目了然，有闻一知十之天资。故耳尚勤学者六七载，劳苦耕者四十春。其徒数十人，皆称其学不厌、教不倦、怒不迁、过不二、利不贪。虽非学富五车，亦足以启蒙破愚，信从者众且久矣！述其功劳事迹，确有可指。课农桑无怠无荒，教诗书口诵心惟，作半耕半读人家，乃曰勤曰俭家规。育儿女者四五双，均选佳偶，立门户者六七家，各授基业。仓有余谷，囊有余金，读有书，耕有田。虽非大富，兴由白手；虽非大贵，子无白丁。生孙又若瓜瓞，半由泮冰。是家训不逊于空窦氏，居室可比于子荆，功难尽述，劳莫大焉。至于育儿恩德，如天之高也，如地之厚也，如日月之照也，如雨露之润也！□□□等，初生不能食而喂之食，不能衣而为之衣，凡有疾病疴痒，不能□□□之诚，求不中者必求其中。或欲以身代欲，以命赎爱，无不周且切焉。义其长也，莫不期其或圣或贤，能文能武，曰富曰贵。然富贵之父母故易，而父母处贫贱而育多子，其恩德欲以言扬，舌虽干而言之不尽；欲以墨书笔写而写之愈长。犹是德行重于乡邦，声名播于朝野。癸巳之秋，州主□袁采父品端行方，而康而寿，详请奏授七品寿著官，一丁奉养。父且仍甘淡泊而不食膏粱，衣布缕而不尚锦绣。立义田上祀先祖，设学堂下启后人，行为法乎范公。享寿等于梁□，

于丁未春，无病一梦而终，断不堕于地府，或可游于仙乡。吊奠者数百人，题挽"五福全归"者得其大半焉。

送父登仙兮，穴点龟眠，以眼窥儿兮，子孙绵延。群峰来朝兮，富贵万年。诸水齐聚兮，案对袜尖。文峰当面兮，产圣出贤。人杰地灵兮，悠久无边。

兹者岁次乙卯，节届季夏，季子芹斛建碑索藻，而序藻无文，掩善不能过扬，不敢不揣谫陋，谨以质言记一切事实云耳。

此墓志由龚光美、龚道波于2007年5月5日勘录。

（二）改土归流第一桥——兴隆桥

顾彩当年路过三路口时，虽然风景如画，但脚下却是"路之最恶者"，沿途尖石腐木，泥水没踝。尽管脚下道路令人苦不堪言，顾彩却诗兴大发，苦中作乐，陶醉于容美的月色之中。这时的三路口还是比较荒凉的，否则，顾彩不会住进土司的戍堡空房。三路口的开化和兴盛是改土归流之后的事情。

清乾隆十七年（1752年），一名叫徐约的人领头在当年顾彩涉水过河的地方修建了一座石拱桥，该地两山夹峙，如二龙戏珠，所以将石拱桥取名为接龙桥。这座桥解决了当地人一遇洪水便无路可走的困境，然而在嘉庆初年，石拱桥被洪水冲垮。很快，各族群众再次集资，于嘉庆二年（1797年）重修此桥，竣工之日，立碑志庆，改名"兴隆桥"，有意突出此桥对于经济发展的作用。可见修桥者的良苦用心。如今这座碑虽然断裂，但大部分字迹仍清晰可见，可以看出当年集资建桥的盛况。当年共有172人（户）捐资，包括土家族、汉族、苗族、白族等各族人民，其中"领修首人"6人，捐资较多的

兴隆桥

"功德主"中就有原接龙桥领修人徐约的儿子徐绍光,此外还有夏希圣、毛书振2人,他们的捐资都在4000文以上。其余人捐资100或200文不等。部分贫穷人家出力,均有记载。根据这篇碑文分析,这是原容美土司辖境内改土归流后较早修建的桥梁。虽然那时的经费、技术不能同现在相比,但如今这座桥依然屹立在古茶道上,继续发挥作用。200多年的桥龄为这个村落的发展刻下了深深的历史印记,号称改土归流第一桥实不为过。它不仅见证了三路口的风云变幻,也记忆了各族人民的团结一心,使三路口成为一个多民族杂居、团结繁荣的村落。于是,这座桥也永远架在了各族人民的心中,成为一座名副其实的民族团结桥。2018年6月,该桥经专家考证确认,由鹤峰县人民政府审查批准,公布为鹤峰县第二批文物保护单位。

(三)周鹤泰茶号遗址

周鹤泰茶号遗址

一位湖南巨贾在三路口设立了一座规模较大的茶号,以经营贩运茶叶为主,兼营其他货物转运销售,店名为"周鹤泰",是两层三进大屋,有3个天井,还配有骡马店、花园和凉亭。大梁高柱,店面壮阔,货物齐全,上挂一匾,题字"万货俱全",意思很明白,就是在这里货品齐全,没有买不到的东西。事有凑巧,有一天就来了一位贩卖牛马的商人见了匾额上的字,不禁想要跟店主开个玩笑,于是他故意说:"万货俱全,可惜还差个牛鼻桊①!"店主一听,堆下一脸笑,说声"客官稍等片刻,只管吃饭喝茶,包你走时就有牛鼻桊。"商人本来就是开个玩笑,并没有在意牛鼻桊的有无,便去吃饭了。谁知只不过一顿饭的工夫,等他临走跟店主道别时,店主却说:"请客官到铺子里

---

① 牛鼻桊,是指牛鼻上穿戴的小铁环或小木棍。

看货!"商人到铺台前一看,吓了一跳,一捆捆柏树树枝做的牛鼻桊齐齐整整地摆在了货架上。商人不由得在心中叫了一声"了不得!果然名不虚传!"顿时对店主的服务效率佩服得五体投地,高高兴兴地买了一百个。原来是店主趁商人吃饭时,动员伙计和邻家农民上山砍柏树树枝赶制而成的。

当时的三路口有几十家铺子,包括客栈、骡马店、米店、布店、盐行、糖坊、香火铺、小酒馆等,还有猪市、菜场,以及一家闻名的煮酒作坊。当地有句流传了上百年的口头禅:"要喝酒三路口,要吃粑粑关上有。"也就是说这里经贸繁荣,店铺生意兴隆,服务尤其周到,因此闻名湘鄂边。

(四)"姑嫂坟"与进士匾

在周鹤泰茶号里,曾经住过一位茶商,湖南临澧人,名叫经玉,在这里认识了三路口一位姓徐的土家女,二人互生情愫,不久,茶商便把她带回老家湖南临澧,夫妻恩爱,日子过得很幸福。不料,嘉庆初年,澧水泛滥,冲毁了其临河的住宅和码头旁边的店面,家里变得一贫如洗,而且祸不单行,水灾过后,瘟疫又流行起来,经玉身染重病,不治而亡。徐氏女陷入困境,最后她带着两个幼小的儿子,在丈夫的小妹龚氏的陪伴下重返故乡,在三路口接龙桥头落户。她临行时除了两个孩子、随身细软,还有一块瞒着族人从大门上取下的进士匾。她将这块匾藏在箱底带回娘家,其用意不言而喻,用祖辈的成就激励后代发奋读书,出人头地。随行的龚氏是一位读过书而又不愿结婚的女子,她看不惯封建礼教的无情,厌倦小市民的枯燥生活,却佩服嫂子的勤劳和乐观,受嫂子的熏陶和感染,宁愿抛弃原本的热闹繁华,离开老家陪嫂子跋涉数百里,回三路口谋生,帮助嫂子教养两个儿子,呕心沥血,终生未婚,再也没有回过临澧,死后就葬在嫂子的墓旁。这便是我们如今还能见到的"姑嫂坟"。可惜其墓碑上的字迹已无法辨认,族谱上也没有留下她的芳名与生平事迹。

前面说到的进士匾,从1804年一直保存到1949年,后遭到毁坏。这个家族虽然再没有出过进士,但是在进士匾的精神激励之下,徐氏女的子孙在生活十分艰难的情况下，仍然坚持读书，后来其长孙龚祖缙读书有成，办了三路口第一所私塾。因其事迹可嘉，受到嘉奖，被封为"登仕郎"。关于龚祖，其墓碑的碑文中载：

>……考其学文著作，故有可观，好古敏求，故尔尚勤学者六七载，劳苦耕者四十春。虽非学富五车，亦足以启蒙破愚，信从者众且久矣。述其功劳事迹，确有可指。课农桑，教诗书，作半耕半读人家，乃曰勤曰俭家风。

（五）关帝庙武学堂遗址

据乾隆版《鹤峰州志》记载，鹤峰境内有关帝庙10余座，三路口的关帝庙就名列其中。考查残碑断碣，虽不知该庙建于何时，但可以知道其分别在道光与光绪年间经历过2次维修，碑上关于它的年代，能看得到的只有7个字：斯庙也，历年久矣。

关帝庙位于三路口老街尽头，青瓦红墙，巍峨森严。但其出名并非在于庙堂之高、签卦之灵，而在于其崇武的历史传统。一般的关帝庙中，神像手中的青龙偃月刀都是泥塑木雕，这里的大刀长矛却是闪着寒光的真刀真枪，重约30千克。据说起初只有庙主一个人耍得起，他是个有真功夫的人，声称既然是敬武圣，习武也是庙里的正业，而且对乡中恃强凌弱的黑恶势力绝不客气。在兵荒马乱的年代，为了自卫，许多青年人都纷纷拜他为师，跟他练功习武。其中身材高大，性情粗犷的龚芳藻就是其中的佼佼者。龚芳藻1864年出生，1884年从军，1898年征剿会匪[①]的荣立"五品军功"，后解甲还乡，不事农桑，同新庙主张士太结拜为同庚兄弟，经常在一起议论时政，切磋武艺。后来干脆开办了一个武术班，自任教头，训练搏击、擒拿，教授刀、枪、剑、戟，收取学员很少的费用。

从这里出去的年轻人，一般独自对付三五个匪徒游刃有余。有一次，外地

---

① 在古代和近代史上，中外官方文书和某些私人记述中，往往把民间秘密结社及其成员称为会匪。

一股匪徒突袭三路口，烧杀抢掠，武学堂里师徒听说后，立刻出动，围追堵截，恶战之中一位年轻人只身迎战十多名劫匪，打伤对方四五人，自己却毫发无损，还为三路口的老百姓夺回不少财物。

颇为特别的是，在关帝庙武学堂习武的人中还有几位女弟子，其中有位姑娘是一位比较开明的私塾先生的女儿，擅使铁锏、双刀，一时传为佳话，后来那位女弟子年过八旬还能下地劳动。龚芳藻于1924年被军阀"爪牙"暗杀，庙主张士太悄然离开三路口，不知所终。直到1942年，国民政府将此庙改建为学校，后被拆毁。

（六）其他遗址

1. 大隘关遗址

据顾彩《容美纪游》所载：

> 十九日，雨甚。窝铺既不可居，徒倚张盖，就余火做饭讫，冒雨行，上大隘关（土人名为咨牙关，直上二十五里）。壁立千仞，回视麻寮诸山，皆平地矣。此乃容阳第一门户也。关前石各异状，有青狮、白象、莲台、灯檠、香炉、净瓶、如意等形。烟雨弥漫，或见或不见。而杏花满山，深红浅白，烂如堆锦。

这里的险峻和风光之美，使顾彩在这里发思古之幽情，感慨万千，深叹不虚此行。

2. 容美土司"戍堡"遗址

据顾彩《容美纪游》所载：

> 入关数里，名三路口，有戍堡空房可以避雨，因入做饭。雨甚，遂留宿焉。衣襟无寸干者，尽伐关前木，篝火燎之。入夜，忽天宇澄霁，月明如画，山翠欲滴。玩月久之始睡。所乘马忽逸去，从人惶骇，冒泥水追觅，天晓乃得之。

文中所述的戍堡空房，位于接龙桥西50米处的毛家堡老屋场。原为兴隆桥的"领修人"毛书振、毛书亮兄弟的故居遗址，故名毛家堡。这里因地势较高，可以监视四方道路、隘口，便于防守而被选作戍堡的最佳位置。这里在战争年代也曾被各军队选作岗哨。

3. 古客店遗址

下方左图为宫福泰茶号的古客店遗址，直到1976年，鹤峰至走马的公路未修通前，这里的古客店都还在经营。

4. 古驿站遗址

古驿站过去有若干客房，还配有骡马店等。

古客店遗址　　　　　　　　　古驿站遗址

三、红色记忆

三路口历来就是兵家必争之地，不单是容美土司时期，二十世纪三十年代，先后就有湘鄂边红四军、红二军，湘鄂边独立团，鹤峰县、五峰县、石门县的游击大队，红三军七师和当地苏维埃武装力量在这里同敌人发生了大小战斗20余次。因此，这里一直流传着贺龙、贺英、王炳南等人战斗的故事，还有卢冬生惩凶除恶，以及盛联雄负重伤后命战士把他抬到接龙桥，躺在担架上指挥战斗的感人事迹。

1930年3月，鹤峰九区三路口乡农民协会，在接龙桥头符家客栈成立。1931年7月月半节，乡农民协会被团防武装组织攻击，农民协会委员长龚明琳被团防武装组织俘虏，受到敌人极尽残忍地折磨后被团防武装组织杀害在马玉林客栈门口河坎上。几乎同时遇害的，还有四乡苏维埃政府的土地委员和肃反委员。

1933年7月，又一个月半节，红三军七师自湖南金家河出发，突袭了驻扎在三路口的罗效之部第三大

接龙桥头义学遗址

队，俘获杀害龚明琳的团防武装组织头目并歼灭该部。卢冬生亲自审问，当他获知这个团防武装组织头目就是当年残杀龚明琳的凶手时，不禁怒发冲冠，于是在龚明琳牺牲的地方，亲手处决了这个团防武装组织头目。同时，在卢冬生的指导和帮助下，这里恢复了红色政权。

龚明琳的父亲龚芳芹，虽然是一个清末贡生①，但他心怀革命，成为苏维埃政权的积极拥护者。他支持几个儿子参加红军游击队，还为苏维埃政府出谋献计，后被团防武装组织杀害。

另有接龙桥头义学毕业生龚明珠，才华出众，后考入武昌两湖书院，受鹤峰富贾张佐臣赏识，资助他出国留学，还把自己的二女儿嫁给他。留学归国后，龚明珠深受进步思想影响，拥护民主革命，在武昌以教书为掩护参加革命活动，1927年被人投毒暗杀，由鹤峰同乡集资葬于汉阳夺山。

四、民间艺术

三路口村流传着很多民间情歌，如《别郎歌》《灯草开花黄》等。

《别郎歌》

初一日上京寨，反披围裙倒趿鞋，

路上有人盘问我，倒趿鞋子望郎来。

---

① 贡生，即明清两代科举制度中，由府、州、县学推荐到京师国子监学习的人。

……

十二日雪花飞，请个岩匠钻块碑，

只见黑笔写黑字，白布搭桥郎回来。

《灯草开花黄》

（节选）

九岭十三岗，小郎把坡上，槐荫树下歇阴凉。

槐荫树下坐，郎把汗衣脱，反手舀杯凉水喝。

……

灯草开花黄，听我开口唱，唱个情妹想情郎。

……

土家族情歌《灯草开花黄》很早就已产生，并广泛流传于鹤峰境内。它有多种版本，但都大同小异。在流传的过程中，此歌常因歌者住地、兴趣不同，而有一些即兴创作加工。这里节选的是原唱者三路口村一组村民蔡乙姐（已故）的版本，此歌采录于二十世纪七十年代初。

此外，三路口为"湘鄂通衢"、关内外要冲，南来北往的人较多，随着商贸的繁荣和教育的发展，文化交流亦十分活跃。柳子戏、傩愿戏在当地最受欢迎，外地戏班如南北镇的南戏戏班、南渡江的满堂音班子、湾潭镇的傩戏班都经常受邀到此演出。一些脍炙人口的戏剧曲剧目，很多老人都喜闻乐见、百看不厌。以前，有红白喜事或逢年过节，人们宁可节衣缩食，都要热闹一番。从清末民初到中华人民共和国成立前后，本地都有一班爱好戏曲、狮舞和花鼓灯的青年，其中部分人成为传承人。狮舞的传承人有高进士、李德尚、丁学贵等，花鼓灯的传承人有邓培玉、洪雪梅、符辰伯、徐明月等。擅长男扮女装的邓培玉本是柏榔村人，因对文艺的爱好，每逢演出，随叫随到，不怕山高路远，极受欢迎。这里还有一大批民歌爱好者、老歌手，如蔡乙姐、苍腊英、熊家月、宋开顺，等等。"周鹤泰"旧址的开井屋和关帝庙、学校礼堂，还有东流水的邓家天井屋等一直是群众开展文化活动的主要场所。

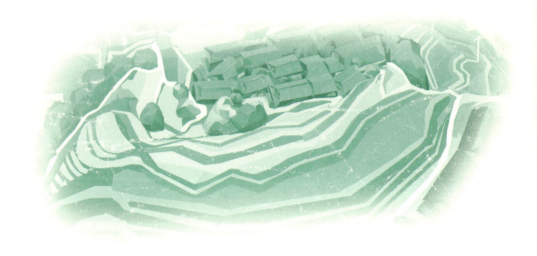

深山闺秀

——湄坪村

湄坪村位于鹤峰县东南部，隶属于鹤峰县五里乡。湄坪村山清水秀、美丽富饶，五龙山集奇、秀、险于一身，高桥峡谷内瀑布自天而降、气势磅礴，观音洞内有亚洲最大的单体石笋，酷似南海观音。湄坪村四季分明、气候宜人，有春花灿烂，也有冬雪皑皑，常有外地人在此乐不思蜀。2013年，湄坪村被评为鹤峰县最美乡村。2019年，住房和城乡建设部等部门公布了第五批列入中国传统村落名录的村落名单，湄坪村名列其中。

一、村落概况

湄坪村位于五里乡西南部,距离鹤峰县城 80 多千米。该村地处山地,平均海拔为 900 米,全村面积为 13.2 平方千米。其中,林地面积为 28800 亩,耕地面积为 1405 亩。粮食作物以玉米为主,经济作物以茶叶、中药材为主。截至 2019 年末,该村下辖 6 个村民小组,共 243 户 863 人。该村主要有四大宗族,朱氏宗族共有 50 多户,近 200 人;魏氏宗族有 30 多户,120 多人;胡氏宗族有 20 多户,近 100 人;最大的宗族是廖氏宗族,有 60 多户,近 300 人,主要居住在下屋场一带。

湄坪村概貌

湄坪村早期叫作汆坪村,中华人民共和国成立后改名为湄坪大队,1980 年代更名为湄坪村并沿用至今。明嘉靖年间,以朱氏为主的宗族为避土匪从湖南迁入到湄坪村居住,后来陆续迁入廖氏、魏氏、胡氏等宗族。湄坪村地势险要,早年间只有一条小道可以进入,中间有一处必经之地名叫唱歌岭,唱歌岭两面是悬崖峭壁,中间只有一条可容一人通过的小道,此地一夫当关,万夫莫开。湄坪村也是一块红色土地,贺龙当年曾在湄坪村进行革命活动。

二、特色民居

湄坪村形成于明朝,由于该村路远地偏、地域封闭、地势险峻,受外界侵扰较少,民风淳朴。因为以前社会不安定,此地常有土匪出没,所以当地居民建筑大多是寻找一个山坳依山而建,比邻而居。湄坪村境内依山环绕而建的具有土家族吊脚楼风格的古建筑群至今仍大部分保存较完好。其中,湄坪、下屋场等4处吊脚楼群共有吊脚楼近50栋,加上散布在村内各处的吊脚楼,一共有89栋。这些吊脚楼飞檐翘角、悬山穿斗、建筑精美,是土家族建筑文化的活化石,极具民族特色和旅游开发价值。

湄坪村地势

（一）建筑理念

湄坪村从清朝至今居民生息发展的清晰结构，以及丰富的历史文献遗存，真实反映了当地人民从起步、发展、鼎盛到衰落的整个社会变迁的历史过程，是研究中国社会史、民族史、文化史，以及民族融合的鲜活史料。

在崇尚农耕文明的精神影响下，土家族形成了独特的民族文化，其建筑风格具有重要的历史价值。因地理条件限制，土家族人民的房屋依山靠河就势而建，充满智慧地运用了吊脚楼的手法，使用干栏式建筑形式，达到了在有限的土地上创造尽可能多的使用空间，以及节约能源的目的。这种"惜地节能"的意识与手法，对当代绿色建筑的设计具有积极的借鉴价值。

湄坪村历经沧桑，现在住宅普遍偏旧，部分还是非常古旧的吊脚楼。窗户花样繁多，古朴美观且变化丰富。常常屋角相连、前后相接，房屋多为木质，冬暖夏凉。湄坪村目前有老街一条，长约800米，两旁有居民近百户。新区正在建设之中，预计可供1500人居住。

湄坪村民居分布

湄坪村的房子皆是依山顺势而建，大屋顶下的狭窄空间与错落的宅间台阶下的院落空间相互映衬，小中见大，明暗交替。土家族吊脚楼为穿斗式结构，但是又有别于普通的穿斗式建筑，吊脚楼多是为了适应山地地形而建，并在转角处做一圈转廊，转廊出挑比较大，均不落地，有着传统的木制工艺。

湄坪村地处深山之中，早年只有一条小路可以进入，中间更有唱歌岭这一天险，一人驻守，万人难攻，最早落户于此的人就是为躲避兵匪。

（二）廖家老屋

廖家老屋是恩施州文物保护单位，建于清嘉庆年间，传说廖家因地理位置较好，子孙发展较好。该老屋目前保存完好，位于湄坪村五组湄塝，坐东南朝西北，为砖木结构的瓦房，四周用青砖砌封火墙，内为悬山顶穿斗式。面阔19.25米，进深19.4米。房屋占地面积约373平方米，房屋分前后两进，中间为天井。第一进三柱二骑，第二进五柱四骑，共10大间。房屋右侧封火墙开有一耳门，宽0.86米，高1.64米。大门由麻条石构成，宽1.27米，高2.37米。门框石柱上主题纹饰为苗族图谱代表性图案"万字格"，两侧以缠枝花纹陪衬。石雕和青砖装饰造型精美，地域特征明显。廖氏老屋无重大改建和重修，是目前鹤峰县域内所发现的唯一一处保存较完整、有封火墙的民居建筑，2013年被恩施州人民政府列为第四批州级文物保护单位。

廖氏老屋

三、历史遗迹

湄坪村有多处历史遗迹，都深刻反映了本村悠久的历史文化和良好的自然环境。

（一）五龙山寺庙遗址

五龙山寺庙遗址位于湄坪村五龙山的最顶端。五龙山寺庙是本村村民的信仰所在，但寺庙被毁，只剩遗址，村内拟重新修建五龙山寺庙。

五龙山寺庙

据文字记载，清乾隆三年（1738年），范一真、彭芝柏、鲁合庭来到五龙山时，决定在此山选址并修建一座庙宇，以祈祷国泰民安、风调雨顺。

前往五龙山寺庙的路是一条羊肠小道，途经断山桥、三义洞等景点。过三义洞往前行约100米便有一段长约300米、宽3米至5米的较为平缓的台地，右靠岩壁，左乃万仞悬崖。部分地段或许是人工所为，向山体内侧掘进成半隧道形，拓宽的平台用于经营祭祀用品。沿途设置圣宫大殿、城隍庙、岳大帝宫、地藏大王府及十王阁罗殿,直到装烟筛茶的公馆,此馆为交易买卖之所,有商贩在此做买卖。此台地还有一口人工凿就的一米见方、深米许的水井,至今仍有清凉、甘甜的泉水。

经过此经营地段便是上金顶的险路,逼仄而陡峭,全是在岩壁上凿出的仅一脚宽的步窝。上约100米,便有一道约10米用杉树条绑就的木梯,木梯的尽头便是五龙山顶部平地,方圆亩许。平地上有一土地庙,过土地庙约10米便是金顶。金顶中心古庙外由玉皇阁、兜率宫、通明殿、关圣殿(左周仓、右关平)构成,内由观音殿、文昌阁、祖师宫、十八罗汉、二十四诸天及韦驮大尊等构成。

古庙正面石墙上镶有两块石碑,为修建和维修寺庙的功德碑。右侧一块有序言:

> 从来有善不彰,虽尧禹不能治天下,况喝同济而不为之表见也,耶盖福有可归而实当录古今之传,不可诬也,以故五龙一山,自今皇元年众捐资以成其美。阅今七载,神灵显化,朝谒者众,庙宇未见完固,任持道一真扳集领袖刘光远、郭上珍,苏化四方,善男信女喜施乐善,共识勤厥成殿,庙貌周详,神灵默佑,永为众姬福丰,万载供俸,已年功竣之后名礼,金石垂不朽云年。是以为序。

据考,五龙山寺庙始建于清嘉庆元年(1796年),迄今已有200多年了,至民国末年,至少维修四五次。左侧墙上的那块碑无序言,只有捐款者姓名和所捐款数额,是丙寅年(1886年或1926年)季冬月良旦(立)。

嘉庆、道光、咸丰年间,祭拜、朝奉活动盛行。每年的盘古诞辰,这里都会举办隆重的纪念盘古香会,每年的关帝诞辰,各州府县乡的人们都会到金顶祭拜,有数百人,场面十分热闹。正如庙宇正门对联所云:"历岁月而不古,偕春秋以常新。"历经几百年长河的洗礼,山川愈发葱郁,历史文化亦历久弥新。

寺庙遗址

（二）五龙山墓群

五龙山墓群位于鹤峰县五里乡湄坪村五组五龙山金顶东南侧山腰台地，墓葬皆坐西北面东南，4座墓冢并列，从右向左依次为彭芝伯、鲁合庭二人合葬墓、范一真墓、何贻朝墓及无碑墓冢。立碑时间分别为清道光二十四年（1844年）、清光绪三年（1877年）。墓冢长3.5米至3.8米、宽2米至2.4米。墓地占地面积约40平方米。墓碑刻墓主姓名及生平。

由于此地为石山，少泥土，墓葬封土多为山上风化片石所替代。随着时间的流逝，作为墓葬封土的片石逐渐风化，棺椁部分现已暴露在外。

四、乡风民俗

（一）杀年猪和吃刨汤

1. 杀年猪

杀年猪一般在农历腊月进行，杀年猪当天会请亲戚朋友到家里吃年猪肉，一般规模较小，参加人数不定。

2. 吃刨汤

在古代，"汤"是热水的意思，这里指烫猪肉用的热水；而杀猪时用铁刮刮去毛的过程在民间称为"刨"。所以把新鲜猪肉放到热水中煮熟就成为刨汤。刨汤是火锅的形式，一般都是自己家做的酸汤煮沸简单地放入新鲜的猪肉、猪杂碎和田地里的蔬菜，就会成为一道丰盛的美食。

（二）祭祀习俗

土家族先辈们信奉神灵，几乎一年到头都有祭祀活动，以求来年平安富贵，尤以春节期间的年祀活动最为繁杂，恩施各地的年祀活动大同小异。

1. 上坟供饭

上坟的方式与清明节类似，但心情似乎更加伤感，心里总是在缅怀逝者生前的好，无论路多远、山多高，人们总是要在团年之前独自或带着儿女提上酒肉饭菜前往祭拜过世的家人。

2. 烧"包袱"祭祀祖先

大年三十下午，团年饭做好后（也有在吃完团年饭之后的），先取一些饭菜端上桌祭祀祖先，桌上供有"寄"给祖先的"包袱"。"包袱"又叫"封包"，将纸钱用皮纸包好成封，写上某某祖先的名号。桌上供有"寄"给祖先的"包袱"，行三拜九叩大礼，把桌上的饭菜各取一点，连同"包袱"送到屋外焚烧，然后再回屋吃团年饭。

3. "出天行"祭拜吉神

正月初一天刚亮时，全家人随户主拿着香纸、蜡烛出大门燃烧，向吉利方向祭拜，齐呼"朝门大大开，金银财宝滚进来"等吉祥语，然后回到屋里，小孩给老人拜年，长辈给晚辈"压岁钱"，互道吉祥语，祝福更美好的未来。

五、民间艺术

（一）土家八仙

鹤峰的"土家八仙"作为一种民族吹奏表演，以其独特的表现形式世代相传，直到今天仍经久不衰。一般音乐表演或舞蹈表演，都是有固定的舞台或空间，其表演形式，要么是站着，要么是坐着，当然也有躺着或悬空的，但这些艺术表演，都受时间或空间的限制。可是，有一种艺术表演不受任何时空的限制，它就是土家族的"八仙吹奏"，又叫"八仙吹官"。

每当进入农历七八月，土家族人民就开始张罗着立新房、娶媳妇等。这类活动，亲戚朋友除前来吃、住、玩、送礼外，有的关系亲厚的，还要"邀客"[①]

---

① 邀客，即邀请族亲或邻近的亲朋好友。

和请一个乐队陪着一路到举办活动的主人家里共同热闹热闹。所以在这段时间，无论是行走在沟谷山坡、平地丘陵，还是进入各个村寨、大街小巷，都会有悠扬、悦耳的锣鼓声和唢呐声传入耳朵。不论是走着还是坐着，是在坡上还是在山脚，是在家里还在野外，"土家八仙"都能表演。这种不分时间、场合、地点都能演奏的艺术表演形式，应该是目前世上少有的较为原始和朴实的综合性演奏形式。

（二）傩戏

傩戏是一种古老的文化活动，被称为"中国戏剧的活化石"。傩戏又被称为"傩愿戏"，是以还愿为依托，以傩坛为载体的一种戏曲艺术，自开创以来，传承至今已有几百年的历史。2008年，鹤峰傩戏被列入国家级非物质文化遗产代表性项目名录。

傩戏最初是土家族还愿者为求子、除病、祈寿举行的一种活动，经过长期发展，成为一种较成熟的地方戏曲。

傩戏是一种宗教与艺术相结合的独特戏曲形式，一直在民间传承。傩戏有高傩和低傩两个流派。高傩流行于土家族、白族等少数民族地区，低傩流行于汉族地区。它们的共同点是都敬奉"三元"，"三元"即"三清"，指元始天尊、灵宝天尊、道德天尊。

傩戏是一种祭祀仪式与戏剧相结合的艺术形式，在戏剧表演中又夹杂着还愿和祭祀的内容，可谓祭中有戏，戏中有祭。这种古老的艺术形式保留着表演艺术由祭祀、歌舞、说唱向戏曲演变过程中的原始面貌。

傩戏音乐为锣鼓间奏，称打锣板。打锣板分为法师腔、祭戏腔、正戏腔三个部分。其剧目丰富，唱词多为七字韵文，语言质朴率真，通俗易懂。

（三）渔鼓

渔鼓又名道情、乓乓，是一门以唱为主，兼有说白的曲艺演唱形式，流行于溇水和澧水流域,以及湘鄂边境的广大地区。据考,它起源于道教音乐。2009年,恩施州人民政府将其列入第二批州级非物质文化遗产名录。

渔鼓历史悠久,可以上溯至唐朝的"道情",也就是道士们传道或者募化时所叙述的道家之事和道家之情。他们叙情的方式就是"打渔鼓,唱道歌",如唐朝的《九真》《承天》(《唐会要》卷三十三)与《踏踏歌》(段常《续仙传》论蓝采和持拍板说唱者)。后来,"道情"为民间艺人所习用,宗教内容便渐趋淡化,改唱民间故事、神话传说和英雄故事,并演变为一种说唱的艺术形式。渔鼓不仅地方特色鲜明,而且唱词结构严谨,文字通俗易懂,语言活泼,故事人物形象生动。同时,加入月琴、云板伴奏,音乐唱腔纯朴优美,与地方语音语调紧密结合,行腔圆润。

六、民间故事

(一)关于贺龙的故事

据《鹤峰县志》记载:湄坪村是贺龙早年进行革命活动的地方,这里距红四军诞生地杜家村只有20千米。贺龙当年曾在湄坪村的湄塌朱家老屋待过6天,白天睡觉,晚上潜回桑植老家刺杀恶霸,往返奔袭百里。贺龙还曾在隔子河杀过土匪,在本地还留下一句歇后语——贺龙背古桐,一人一桐。

1. 送月饼

1928年初,根据党中央的指示,贺龙由上海回到湘鄂西,与周逸群、段德昌等创建了红二军和湘鄂西革命根据地,直到1935年11月,贺龙、任弼时领导红二军、红六军开始长征。在长达七八年的时间里,贺龙在湘鄂西这块热土上进行着艰苦卓绝的革命斗争,也留下众多感人至深的故事。其中,在湄坪村范围内就发生过动人的故事,直到现在,当地百姓还津津乐道着。

据本村三组村民胡国正回忆,其父亲胡大升在当时为当地的一个文化人,在本地私塾教书。后来,贺龙将胡大升请过去做司务长,但仅仅做了3个月,并非因为胡大升表现不好被辞退,而是由于做司务长仅3个月的胡大升患了一场大病,出于对他的照顾,贺龙派人将胡大升送回老家,并且送给胡3个大月饼。

2. 化身农民捉劫匪

在土地革命战争时期,贺龙接到湄坪村群众举报,说有一小股土匪时不时来村里骚扰,无恶不作。于是,他带着几位红军战士化身农民,埋伏在土匪的必经路段——隔子河旁的树林里,并商定好行动暗语:"背古桶树"(当地方言,裁好的木料)即立马行动。

尝到"甜头"的土匪果然又来村子抢劫。贺龙看到6个气焰嚣张的土匪正从隔子河边上岸,他瞧瞧身边的红军战士,加上自己也是6人,于是心里拿定了主意。当土匪靠近时,贺龙大喊道:"六根古桐树,一人背一桶。"几位红军战士立即明白了他的意思,即6个土匪,一人对付一个。几位红军战士如同猛虎下山般地将土匪团团围住,这几位土匪早已被红军战士的气势吓住,乖乖放下武器,举手投降。贺龙未废一枪一弹就将土匪降服,在当地成为佳话。

3. 将钱放在锅底

贺龙非常关心爱护百姓,对自己的部下要求很严,经常教育战士,不能损害群众的丝毫利益。

一次,贺龙带着10多名红军战士到湄坪村开展革命活动,行军多里无处吃饭,战士们早已饿得饥肠辘辘,又到了深夜,极度疲乏。在这前不着村后不着店的地方,战士们心里暗暗叫苦。幸运的是,没过多久就遇到一户人家(黄继元家),于是想前去讨点水喝,但无论怎么敲门,也不见人开门,于是战士们尝试着推开大门,却不见人影。贺龙本想继续前进,但看着饥困交迫的战士们,心情非常矛盾,最终决定留宿此家,等主人回来后再做解释。可是到了第二天早上,还是不见主人回家,部队还需继续赶路,于是贺龙将钱放在锅底,然后才离开。

(二)女儿洞的故事

在湄坪村,有个山洞叫女儿洞,洞里有很多硝土,还有一口天然的水井,据说早前水井里有很多鱼，游来游去十分好看，一伸手就捉得到，鱼也不怕人。

传说有个熬硝的人来到洞里，见水井里有那么多鱼，就捉了一条鱼煎着吃，然后继续熬硝，这时，从洞里头走出一个提竹篮的姑娘，一路走，一路喊卖鱼，径直走到熬硝人的面前，要他买鱼。熬硝的人想：这姑娘从哪里钻出来的呢？他有些惊慌，就说："我不吃鱼。"那姑娘眼睛一瞪，道："我看到你煎鱼吃了，为什么刚才又说不吃鱼呢？"熬硝的人觉得事情古怪，就赶快朝洞外跑。他刚跑出洞口，洞里面的水就冲了出来，他又连忙向对面山上跑，上山后回头一看，只见从洞里钻出一个龙头。他差点儿吓死，跑回去对别人说，那边的洞里有个怪姑娘，是龙变的，那姑娘一出来就要涨水，差点把他淹死。从此，人们就把这洞命名为"女儿洞"。

（三）五龙山的传说

湄坪村境内地势如棋盘纵横，山似虎踞龙盘，山峰高耸，悬崖峭壁，溪贯百川，风景天然，鬼斧神工。位于湄坪村东部的五龙山主峰形如宝塔，直冲云霄，名为金顶。主峰周围有数座山峰拱卫，呈五龙捧圣之象，故名五龙山。传说，从天外飞来一口神钟，重千余斤，落于主峰之巅。

五龙山

遗 珍

/Yizhen/

大溪村
——槽门寨子

　　大溪村是鹤峰县容美镇的一个行政村。2019年，该村入选第五批中国传统村落名录。大溪村自然风景优美，文化底蕴深厚，尤其以槽门寨子为代表。该村寨被群山包围，但村内地势相对平坦，土地肥沃，森林覆盖率达85%，茂密的森林形成了天然氧吧，涓涓细流汇集成清清溪流，无论怎么干旱，这里的溪水从未断流。由于生态良好，山里常有野猪等动物出没。

　　据传，槽门寨子始建于明朝初期，现保留约35栋具有土家族特色的吊脚楼。由于地势的原因，村寨中的住房多根据坡度修建吊脚楼，富裕的家庭用青瓦，

槽门寨子传统民居

贫穷的家庭用茅草或杉树皮做屋顶，楼下四面皆空，可用作堆积肥料，也可以临时拴牲口，楼上一般是女子做鞋、绣花或乘凉的地方。吊脚楼通风防潮，阳光充足，深受土家族人民的喜爱，是土家族地区具有重要特色的建筑之一。该村落也是目前鹤峰境内保护较完好的古民居群落。

升子村
——美丽茶谷

升子村位于走马镇东南方向,因村庄四周山峦环抱,状如升子[①],因而得名。该村地形为丘陵小盆地,气候四季分明,冬冷夏热,春怡秋爽,雨热同期。近年来,全村通过大力发展密植免耕速成茶园,使茶叶成为村民致富的支柱产业。

升子村木耳山生态茶园

来到升子村,放眼望去,山峦苍翠起伏,农舍干净整洁,泛着新绿的茶园如万顷碧浪,一条宽敞的柏油公路蜿蜒盘旋在青山绿水之间,一幅透着现代山村气息的美丽画卷展现在眼前。2006年,杭州西湖茶商看中了升子村的茶叶资源,在这里建起了一个龙井茶加工厂,生产的龙井茶色绿、香郁、味醇、形美,产品上市以后供不应求。此后,升子村成为鹤峰龙井茶生产基地,全村拥有无公害茶园3200余亩,无性系良种茶园约580亩,茶叶加工厂48家。另外,还吸

---

① 升子,旧时农家用以计量粮食的常用器具,正方台状,升口宽,升底窄。

升子村一角

引投资建起了茶叶公司。名闻遐迩的"世界茶谷"木耳山生态茶园就坐落于村中。木耳山生态茶园于2015年被中国农业国际合作促进会茶产业委员会评为"中国最美三十座花园"之一。这里茶山绵延、风光优美，吸引各地游客慕名前来参观游览。当你来到木耳山，站在山顶，放眼千山一碧的万亩茶园，环视四周的巍峨群山，仰望蓝天白云，就好像是走进了一幅美丽的绿色画卷，顿感心旷神怡。近年来，木耳山成了绿色、无公害的代名词，带给游客清新的感觉。茗香飘遍山野，环绕村居农舍。同时，村内10多家农家乐也为体验农耕生活的人们创造了返璞归真、回归自然的好去处，让人们真正体会到了"久在樊笼里，复得返自然"的舒适之感。

大路坪村
——森林里的村庄

大路坪村隶属于鹤峰县中营镇，先后获湖北省新农村建设示范村、湖北省宜居村庄、湖北省特色村寨、湖北省卫生村等荣誉称号。2014年，该村进入首批中国少数民族特色村寨名单。2015年，中央文明委决定授予大路坪村第四届全国文明村镇称号。2020年，大路坪村入选第一批国家森林乡村名单。大路坪村人口以土家族居多，还有部分蒙古族和苗族。该村原村委会所在地是一个三岔路口，是通往青龙村、茶园村、三家台蒙古族村的必经之地。历史上形成的茶马古道从此地向北通往关店[①]、施南府[②]，往南通往湖南石门、慈利等地。现在有大蒙线[③]，故人们根据地理方位、地形地貌、道路而称其为大路坪。大路坪村委会所在地现为北佳坪，北佳坪属于河岸台地，地势较低、气候温和、土地肥沃、人口集中。传说过去人口很多，故号称百家台、百家坪、北佳坪，是古代容美土司时期五峰石宝长官司的署衙所在地。

大路坪村多为坡地，耕地面积为702亩，富硒生态茶园面积为1200亩、核桃园面积为400亩、油茶种植面积为200亩、枇杷种植面积为100亩、葡萄种植面积为10亩。沿山脚而上，野樱桃、红枫、云锦杜鹃、红豆杉等植物次第铺开，美丽的森林让峡谷和山脉变得温文尔雅。一栋栋吊脚木楼，其布局与秀美的山水、如画田园、如诗的茶园浑然一体，形成林中有茶、房在茶中、茶林相间的世外桃源。

灵动的河流、神秘的山林、星罗棋布的吊脚楼、青绿的茶园……大路坪村

---

① 关店，今建始县官店。
② 施南府，清朝行政区划，辖恩施、建始、宣恩、利川、咸丰、来凤。
③ 大蒙线，大路坪村至三家台蒙古族村。

就这样静谧地坐落于山水间,像一幅在北纬30°与东经110°的神秘交叉点上缓缓铺开的写意的山水画。凡到过这里的人,无不为其灵动、秀美而惊讶。大路坪是森林里的村庄,是人间的仙境。

大路坪特色民居

董家村
——世界最大坡立谷

董家村隶属于鹤峰县燕子镇。2017年,该村被国家民委命名为中国少数民族特色村寨。该村位于世界上最大的坡立谷——董家河坡立谷群的其中一段,董家河坡立谷位于恩施州东南角。董家河因董家村而得名,发源于宜昌市五峰县,流经恩施州鹤峰县燕子镇全境,于容美镇万人洞出口,是汇入溇水的一条世界最长的坡立谷河流。它是高山岩溶区的地表径流渗入地下所形成的一条"九进九出"、明暗相间的河流,沿途溶洞遍布,风景优美。它在鹤峰流经了大五里坪村、响溪村、荞云村、车家村、董家村、湖坪村、燕子村、油坪村,从油坪村伏入地下,经过一段暗河,从万人洞涌出地表,高差巨大。2010年,中科院地质研究所研究员陈诗才曾3次来到董家河考察,最后认定董家河坡立谷群是国内形态、特征、规模及开发条件综合最佳的潜在坡立谷风景区。

董家村处于董家河的第三阶层(高岩河—椰木河—蛤蟆井)和第四阶层(洞脑—渡口)。

董家河风光(图片来源:何启发)

邬阳村
——"战神"陈连升故里

邬阳村地处鹤峰县北部,是鸦片战争中抗击英军壮烈牺牲的爱国将领陈连升的出生地。陈连升出身行伍,道光十八年(1838年)任广东省增城营参将,道光十九年(1839年)因抗击英舰的进犯立功被提升为广东省三江口副将。道光十九年(1839年),钦差大臣林则徐与两广总督邓廷桢、水师提督关天培商议,为便于控制外洋海面,选择在尖沙咀和官涌一带扎营防守。关天培调陈连升到官涌建立防守营盘。道光十九年农历九月二十九至十月初八(1839年11月4日—13日),英舰向官涌发动六次进攻。陈连升率领的清军官兵在官涌营盘有力地打击了侵犯的英舰,为保卫国家立下了功勋。由于官涌之战的胜利,陈连升被提升为三江口副将,这时他已年逾花甲,但仍老当益壮、斗志昂扬。后陈连升调守沙角炮台,把守虎门第一道防线。他深感责任重大,在沙角做了认真布置,带领官兵600余人,埋下许多地雷,做好随时打击来犯敌人的准备。英舰不时开船到大角、沙角来刺探军情,都被陈连升率兵将其驱退。这时林则徐、邓廷桢已被革职,琦善和义律的"谈判"正在进行中,琦善诬陷陈连升袭击英国送信船,要对他加以惩办,遭到爱国官兵反对。义律一面"谈判",一面在加紧训练士兵,而琦善则一边"谈判",一边将经过五六年大肆整顿的虎门防御设施撤除干净,使陈连升在沙角炮台无法防守。

道光二十年农历十二月十五(1841年1月7日),义律利用琦善已撤防的有利时机派出大小战船20余艘,突然向大角、沙角炮台发动猛攻,英军2000余人由汉奸带路架起竹梯攀登上形势险要的沙角后山,并焚毁山下三江口守军和水师的船只。陈连升亲自坐镇炮台,凭着自己丰富的战斗经验,使用杠炮及事先埋好的地雷,炸伤爬上来的英军数百人。驻守靖远炮台的广东水师关天培,威远炮台的总兵李廷钰都只有数百兵力,进不能攻,退不能守,无法前往支援。陈连升率领600余名官兵,使用着掺杂炭屑的劣质炮弹,与数倍于自己的英军进行殊死斗争,并用弓箭堵击来犯的英军,英军在箭雨下被击退数次。陈连升请求官兵与火药的增援,琦善不许。由于琦善不发援兵,坐视海防被突破,陈连升及守军终因兵力单薄,难以抵挡已占据山顶阵地的英军而全部壮烈牺牲。陈连升之子武举陈举鹏、守备张清龄都英勇奋战,直至身死。陈氏父子为保卫国家而英勇奋战的事迹为后人所传诵。

陈连升故里

斑竹村
——"神兵"大本营

斑竹村隶属于邬阳乡,村落风景优美,人文资源丰富,是国家民委于2014年命名挂牌的首批中国少数民族特色村寨之一。纵观斑竹村,地势平坦、气候温和、土地肥沃,可谓适合人类居住的极佳之地。在以粮为天的农耕时代,这里自然为前代祖先选择的最佳生存之地。

贺龙收编"神兵"旧址就在斑竹村。1929年1月3日,贺龙率部到达邬阳关附近的斑竹园,陈家父子闻报,于当夜赶到斑竹园与贺龙见面。次日,"神兵"大队改编为中国工农革命军特科大队,贺龙亲自授旗,并命陈宗瑜为大队长,率部为前锋进攻鹤峰县城。

贺龙收编"神兵"旧址

陈宗瑜,又名陈宗禹,湖北鹤峰籍革命烈士。1924年9月,陈宗瑜为抗击暴政,与其父亲陈连振于1926年组织农民武装自卫,号称"邬阳关神兵",后与中共施鹤临时特委取得联系并加入中国共产党。1929年,在贺龙的帮助下,正式接受改编，为中国工农革命军第二特科大队，陈宗瑜任大队长，率军攻占鹤峰县。此后，特科大队改编为红四军第四团，陈宗瑜任团长。1929年10月，红军在湖南桑植庄耳坪与敌遭遇，被敌前后夹击，红四军主力处于危险境地，陈宗瑜为掩护主力撤退，在激战中牺牲，年仅29岁。

参考文献

[1] 王小平．线路与遗产：第二届宜红古茶道学术研讨会论文集[M]．北京：社会科学文献出版社，2018．

[2] 龚光美．"改土归流"与民族融合[N]．鹤峰报，2003-01-21．

[3] 向端生，夏德术．容美土司简介[M]．沈阳：白山出版社，2016．

[4] 容美土司文化研究会．容美土司史料文丛[M]．北京：中国文史出版社，2019．

[5] 湖北省鹤峰县史志编纂委员会．鹤峰县志[M]．武汉：湖北人民出版社，1990．

后记 Postscript

  根据恩施州政协(即政协恩施州委员会)的安排,在鹤峰县政协党组的高度重视和精心组织下,"恩施州传统村落历史文化丛书"《鹤峰县传统村落》一书历时两年有余,几经修改终于付梓。鹤峰作为一个历史文化极为厚重的地方,时间积淀下的容美土司文化、红色文化、万里茶道以及极富特色的民俗等多元文化源远流长。书中所辑录的传统村落作为鹤峰的"细胞",既有历史文化共性,又有独特的个性,要用笔触全方位展现出每个村落各具特色的"形"与"神",这是每位编写人员面临的不小压力。为使本书成为鹤峰县传统村落历史文化的百科全书,发挥出"存史、资政、团结、育人"的文史资料作用,鹤峰县政协引入湖北民族大学的学术力量,汇集县住房和城乡建设局、县民族宗教事务局、县档案局、县文化和旅游局、县民政局等单位形成合力,编写人员以丛书编委会的篇目指导为基本原则,进行了充分的田野调查,从所涉及村的群众、贤达名人、村干部中收集原始资料,在乡镇干部中反复征求意见,从鹤峰本土学者中进行史料求证。初稿形成后,县政协主席张真炎同志多次主持召开座谈会,听取各方意见,补充资料,完善内容,反复修改,使之逐渐达到编纂要求。

后记

在编纂过程中,恩施州政协副主席张全榜同志到鹤峰实地调研,把舵稳航。恩施州政协文化文史和学习委员会主任曾凡培同志多次到村落中进行实地考察,对标提质。各级领导对本书编写的关心极大地鼓舞了编写人员的信心。丛书编纂委员会所设专家团队的谭志满教授、雷翔教授等人多次亲临鹤峰予以指导,为本书的成型提供了支持。鹤峰县荣获少数民族文学"骏马奖"的向国平同志、县史志办原主任龚光美同志对该书的编纂提出了许多宝贵的建议。本书的出版离不开各方的关心、支持,在此一并致谢。

由于编写人员水平所限,在编写中对各传统村落的历史文化挖掘与表达方面难免会有疏漏之处,希望读者予以批评指正,也便于今后修订。

编委会

2021 年 7 月